로로

로로

김성호 시집

문학

그동안 모인 시들을 나의 생각대로 정리하고 펴낸다. 2015년에 데뷔를 했고, 아마 2013년에서 2019년 사이의 시들이다.

2021년 겨울
김성호

아내와 아들 정원이에게,

사랑한다

차례

가만히 앉아　13

검은 액체　15

격노하는 심장의 푸른 널을　16

고양이 이름은 호박이　17

고요하다　20

그건 그건　23

나는 갈 수 있다　26

나는 말해본다　28

나는 이것이 싫고 저것이 싫고 그것이 싫다　29

나머지의 나를 위하여　35

나무는 시끄럽다　38

나의 색채는　39

난 아름답지 않아　40

남아 있다　43

내가 사랑한 너　45

너를 벌하고 용서치 마라　46

답장　51

로로　54

로로　56

로로　58

로로　60

로로　63

로로와 의자　66

로로와 해　69

몸짓　70

문장　72

문장을 쓰게 되면　80

비 오는 날의 달팽이　82

비가 온다　83

사이토우 마리코　85

산책　86

살아본 몸에 가면 된다　88

시를 걸어간다　91

시에 대한 일　94

시큼한 밀기울　98

쓸쓸하면 흰 풀을 집어　103

아무렇지 않다　106

어둠 속　107

언급되고 있다　109

언어 창문　111

언어는　114

열망　116

우리 집에　118

은유에 오르다　120

있는 날개　123

작렬하다　124

잔을 높이　126

집을 나가지 않고　128

차단은 막혀 있다　129

초록물고기   130
탁 하고   131
하나   132
하얗다   134
한 문장을 쓰련다   136
합쳐짐   140
해로움이 강요하는 몰두의 다른 부드러움   143
호박이는 몇 번째 줄 어디에 몇 번 나왔을까   146
혹은 바람   156
화장실에 간 일   158
휴일에 쓰는 시   160

가만히 앉아

바깥바람이 찬데
가만히 앉아
두 눈동자가 흔들려
두 눈동자가 움직여
나는 알 수가 없어
잘못 씌어진 어제처럼
이 나열을 가지고
하나를 더하고 하나를 지우고
그러면 나아지는 것 없이
나아진다는 생각을 계속 해내고
그게 이상하지가 않아
나는 알 수가 없어
내 하나하나를 천천히 다시 읽어주었으면
그렇게 말한다면
그렇게 말하고 사라진 그 말을 생각한다면
그렇게 나는 있어
모든 걸 다시 그 순간으로
잠잠해지는 이 순간이

하나하나가 되어 날 말해준다면
알 수 없어 나는 눈 감고 생각하겠지

검은 액체

눈을 뜰 수 없다
지평선은 나와 있지 않은 평정이다
행을 나눈다 따갑다 반복되는 리듬의 구간이다
웃기 위한 웃음을 화분 속에서 나는 본다
눈을 뜰 수 없다 검은 액체가 어둠을 만든다 검은 액체가
나는 지울 수 없는 구간이고 검은 액체가
따라오고 웃음을 등이 화려하고
어둠과 분간되지 않는 검은 액체
화분을 들고 이동한다
울리는 미간 눈을 꾹 누른다
복사기 두 대
검은 액체 평행을 눈동자 속에서
등줄기가 엇갈려 서 있다
지평선은 나와 있지 않은 평정이다

격노하는 심장의 푸른 널을

격노하는 심장의 푸른 널을 모을 수 없고
그 새끼들을 잠재울 수 없다
혼잡함의 더위가 손가락처럼 붉게 흐른다
생애를 반복하는 글자들 시선의 얼음들
그러면 방해하는 글자들이 순간의 양처럼 부풀기를 뿌리고 간다
사라지는 부풀기 꾸밈없는 부리
주장의 잠을 지시하는 거운하고 거운한 말씨의 잠
표현의 승리 표현의 패배
언뜻 성장의 꿈을 꾸는 헛것의 부족한 존재
말을 말하고자 하는 자의 동경
추월에 기대는 충동 피로에 입 붙어 열리는 가슴
놓아나는 것처럼 신비스러워 다 풀리는 피
얼굴을 가리고 있는 무덤덤함
얼굴을 반으로 가르고 있는 세계와 강물

고양이 이름은 호박이

저 미친 고양이 녀석이 하루 종일 날 괴롭히겠다고 작정을 했나

발정이 났나? 하지만 그럴 리가 중성화수술 한 지가 언젠데

밥도 주고 놀아도 주었지만 아주 지랄을 못 부려 안달인 것이다

멀쩡한 옷을 할퀴어놓고 툭툭 뜯고 소릴 내고! 지랄 지랄 울질 않나 아까는

레이저 포인터로 놀아주었는데 하루 종일 그 짓을 해줄 순 없지 않는가?

더 하자고 지랄 안달이다

쫓을 빛이 더 없으면

어디서고 노려보고 준비하고 있다

지금은 창가에 앉아서 밖의 거리를 내다보고 있다

그러나 창 아래가 바로 책상인 고통을 당신들은 모를 것이다

나와! 나와! 이 고양이 새끼야! 고양이가 창가에 앉아 있는 고통과

고양이가 창가를 떠나 다른 어딘가에서 식식거리는

고통을 내가 아닌 당신들은 모를 것이다 호박이를 안 키우는 당신들은 모른다

난 생각해보는 것인데 고양이는 반듯하게 갠 옷 속으로

검은 바지 속에 기어들어 또 검은 꼬리를 흔드는 것으로

그러다 지루해져 왕왕 울어대는 것으로 혹은 다시 거리가 조용해져

우산을 드는 사람들 어디론가 떠나는 사람들

나를 내려다보는 창가 위 나를 지켜보는 어딘가에는

곧 점프할 듯 금세 웅크리고 있는 방식으로

어디로든 갈 수 있는데

몰라 난 포기하고 오늘은 나를 괴롭혀보겠다고 작정을 한다

왜인지 발톱도 깎아주고 눈곱도 떼주고 눈에 뽀뽀도 해주고

늘 지내온 고양이인 줄 안다

안 되겠다 지금 빨래바구니에 숨은 고양이를 깜짝 놀래줘야지

내게 하는 말을 그러니까 너로 가득한 이 시를 들려줘야지

고양이 이름은 호박이

호박이는 거기가 좋다

이거 안 먹을 거야? 비는 꿈같았다
하늘이 갰다

고요하다

하늘 뒤로 날았다던 그림자가
무감각의 언저리를 잡는다고 해서 투명한 날은 아니다
이부자리 감감하다
티끌이 햇빛이지만
더 잦은 오름새가 있고 미뤄둔 개안이 있어 빛 발할 때
물은 물 안이다
영원한 건 없는 모습과 헐렁한 웃옷인데
색깔들이 한꺼번에 떨려서 내는 소린데
눈동자는 한나절처럼 보여서
발목까지 가닥 쏠린 바람이다
변주가 있으면 변주가 있고 희망이 있으면 희망이 있다
화장실 기압이 있다
말이라도 하면 조금 차가울 것 같아서
가까이에서 도는 모래의 헤침이 소곤거린다
생명 속의 집이라니
머릿속의 두려운 점들이 밀리는 날은 참 쉽다
태엽을 감고 있는 몸이라든가 꽃이 있다면
오전부터 드러누워 빛 받을 것이다

어두워지기까지 아마 내내 만발할 것이다

나는 쇠 난간의 전망을 구경하고 온다

무릎은 단단하고 주먹도 단단하고 단단할 뿐 아니라

만져보면 정말 단단할 것이다

나는 대개가 정오 또는 열댓 명의 외출이란 것을 알았다

동물과 식물인 것도 알았다

책상은 부엌 식탁을 건너다보면서 강화되어가는 수병이다

그가 눈보라의 계절은 아니다 그도 아니지만

위대한 것들은 자꾸 딴말만 한다

어디로 간다고 고요한 뒤에

방에도 있는 날씨도 화창하고

구름의 지지난 뒤가 하나같이 채석장처럼 생겼다

고요하다

검은 새싹이 겹쳐 나온다

이 문장은 의자 바깥에서 나의 사람을 안으며 썼다

비행기는 듣기 좋은 소리로 하늘을 지나가고

나는 다른 결론을 볼 것이지만 쉬러 간 자리는 폭삭 늙었고

사물 하나는 뒤늦게 주위를 둘러볼 것이지만

기적처럼 세차고 날아오름은

창연하고 물 안이라

쓴 내가 낯선 노동으로 넘쳐흐른다

고요할 것이지만 이건 깨어날 때부터 꺼낸 고요였기에

나는 몇 문장 더 건너뛰고 단호하다

나는 더 건너뛰기로 한다

실내가 고요하다

무작정 떠나 있어서 불안하고 안전하지 않다

물을 너무 금방금방 마신다

변경의 오지가 난난해서

설거지를 미루고 티브이의 광야를 지켜본다

그건 그건

다음 문장을 생각하다가 시간이 간다
손이 가늘다
모르겠다
어떤 소리가 들려와
물소리 같기도 한
문을 열어둔 움직임
침 넘기는 소리가 듣기 거북하다
갓 점심을 지난 시간에
나는
햇빛 위에 앉아 부서진다
햇빛은 부피를 자유자재로 가꾼다
그럼 정원은 그 말에 담겨 있다
내 이야기가 의미가 있을까
집을 나서야 하는데
그 전에 씻어야 하고 청소도 해야 하고
밥도 먹어야 하고
아무리 불러도 햇빛이 있다
먼지가 나는 걸 보았다

바닥까지 휘어지는 깊이

메모지

내 이름에 앉은

장소는 책상에서 내 이름에 앉은 고양이 너의

눈 깜빡임

밥을 기다리는 것

밤을 기다린다는 건?

짙은 그림자를

느끼지 못한다

불안을 만들까

페트병의 투명한 물은 어렵다

만들지 말까

고양이가 뛰더니 여름

선풍기 버튼을 누르고 가서

내가 잘 없다

낮게 깔려 있는 걸 알고

그걸 느끼지 않으려는 조짐을 계속 느낀다

오후가 가고 있다

오후가 가는 문장이

내가 오후를 다 바쳐 일군 소중함 같다

빗자루 쓸리는 소리 트럭 움직이는 소리

집을 나서기 전에

누워 티브이를 켰는데
다시 시끄러운 순간을 맞는 기분이다
누워서 본 불빛은 물컹거리고 희다
그건? 그건?
가장 좋은 방법,
그리고 가장 어려운 방법

나는 갈 수 있다

춥다. 조금 빈약하다. 또 다른 검증을 바란다. 환한 쪽으로 걸려 있다. 길쭉이. 가느다란 문이 소란스럽다. 조금은. 육중한 기압이 올라간다. 그린다. 밑으로 위로 밑에서 위에서 남는 공간을 그려낸다. 매끈하다. 담백하다. 후미지다.

물이 얼지 않고 김이 모락모락 피어오른다는 생각. 책상에 앉아서 쉬었다. 해가 잠시였다. 점심에 동치미에 뜬 무를 씹었다. 같은 단어가 지나간다. 쭈뼛대고 쭈그러지고 맞는 같은 바람은 날 죽이러 온다. 시원하게 트인 이마가 멀어지고 있다. 내겐 맞을 곳이 남아 있지 않다.

하얗게 찬다. 거꾸로 된 목소리가 끌리고 있다. 시야를 덮는다. 시작되고 있다. 아니다. 내가 가진 물건은 없다. 내 소유의 무엇은 없다. 흐려지고 뭉툭해지고 작아져서 이 글과 돌발하는 것. 나는 자신을 부러 곡해한다. 새벽과 나만 남았다. 정체하는 것. 간절하다.

의자는 의자들끼리. 목도리는 목도리끼리. 가운데 드러

난 부분은 가운데 드러난 부분끼리. 올랐다. 내렸다. 점이 작다. 나는 가슴 피부가 간지럽다. 시는 벽의 온풍기를 떼고 남은 자리다. 그 쇠붙이다. 시는 이빨이 떨어져 나가는 것이다. 웃을 때 떨어져 나가든가. 글자에서는 글자가 보인다. 시를 쓰거나 시에 대해 쓸 것이다. 문장. 너의 도드라진 입술은 이다지도 붉은가.

테이프가 붙은 곳에 전깃줄이 엉켜 있다. 시원하게 트인 그 이마를 다시 보고 싶다. 정각에서 정확히 오 분 벗어나 있었다. 프린터 소리가 난다. 나는 갈 수 있다. 그가 다가왔고 빈손은 노랗고 간결했다. 바람이 춥다.

나는 말해본다

직선은 팽팽하다
소리를 배운다는 문장이 떠올라 소리를 낸다
이 얘기가 오늘의 얘기일 거라는
이 얘기가 오늘의 얘기가 아닐 거라는 얘기를 표현하고 싶다
시곗바늘은 돌고 있다
단어는 자신의 단어가 되기는 싫을 거라고 나는 느낀다
옷자락이 보여서 옷자락이 이제 보이지 않는 옷자락으로 보이지 않는다
평범한 어둠은 그때만이 평범하다고 나는 말해본다
먼지가 구르고 먼지보다 동그랗다고 나는 말해본다
창밖이라고 나는 말해본다
아이가 넓은 수건 위에 누웠고 불분명한 핑계라고 나는 말해본다
떠오르는 것 없이 멈춘 첫 구절을 나는 말하고 싶다
가장 밝은 곳에 있는 건지 이대로 밝음은 피할 수 없는 것처럼 여겨진다

나는 이것이 싫고 저것이 싫고 그것이 싫다

책을 놓았다
읽어야 할 아무 이유 없는 책 하나 위에 책 하나를 놓고 읽어야 할 책 하나를
세로로 놓았다
다시 가로로 놓는다
반듯이 놓는다
물을 세일해 왕창 사놨다
모두가 안착하고 있다 컵에서는 비린내가 나기 시작한다
왜 비린내가 나기 시작한다고 적는 걸까?
아무래도 글렀다…… 힘없는 커서 안녕, 끝내 말하지 못한 게 줄곧 맘에 걸렸지만
……
아침은 없었다 사소한 아침은 없었다 어디에도 없었다 사소한 건 어디에도 없었다 없었다
아침이 빛났다 나는 눈 감았다 또렷했다 감았다 없었다 나는 눈 감았다
물그릇
무거운

손

눈이 간다

나는 작은 비밀을 하나 만들어두었지 어제와는 다른 비밀을

나는 자라고 나무는 다시 자라고 지루하게 언덕에 지루하게 다시 파묻히고

이루어짐

띄어 쓰는 어딘가는 먼 게 자라는 것만 같고

총총히

……알 수 없는

시시콜콜

침묵하고 열리고 새고 나란히 완성이 되고 사이좋게 껴안고

……

……

폭발할 준비가 되어 있고 오늘 고양이의 숨은 잠 나의 오래 있는 아름다운 물들이 만들어내는 빛 빛

드나드는 쪽빛 빛 빛에로의 어둔 물빛……

채 눈 뜨지 않고 있다

여섯 개들이 샘물이다

이제 들어가는 것 같다

책이 권당 사천 원이다

비린내가 나는 컵을 씻었다

나는 이것이 싫고 저것이 싫고 그것이 싫다

밤이 온다

나사가 잊고 품고 닫고 버리기까지의 침묵

밀려옴

불이 꺼지다

불이 오래 꺼지다

꺼져가다

불이

불이 메우고 머무는데

불이 꺼지는데……

나는 이것이 신경 쓰이다

누운 자리만큼 깨어났다

숭숭 뚫린

눈이 간다

구멍 손뼉을 이루는 만남 만남을 이루는 잔이 두 개 이빨이 두 개 모두 창틀 위의

가느다란 향기로움

정적이 된다

뜨거운 게

피가 되고

복부가 되고

침방울이 되고

녹는 조각이 되고

둥둥 뜨는 죽은 벌레 커지고

……놀라움을 모르고 파묻는 밝기를 모르고 멀리 하늘색 담배 한 갑을 ……나는 나는

모른다

쌓아올렸다 살려내었다 들어맞았다

부둥켜 좁아지고

떠들었다

나자빠진 정점의 굽은 등에서

아침이 자글자글하다

이 세계는 길이도 없이 자연스럽다

창문이 시원하고

기분 좋게 하는 숨 막힘 때문이며

나만 남은 연기가 되어간다고

오전만 남은

빈집만 남은

바닥만 남은

거의 남지 않은

나만 남은 연기가 되어간다고

없는 손 없는 육체 없는 폭도들 같다

쪼개고

스민

없음이 그 없음이 또다시 나를 뭉개 자라나는 나이고

저것은

최후를 할애하는지 모를 일이다 쓰는 게

잠겨 있다 말할까

이것은? 이것은 이것은

줄을 넘고

나는 따끔거리고 이것이 싫고

단순하게 어둡게 처리하고

조용하게 시간이 가는 게 나는 싫다

가만히 있어도 간다

싫다

오늘도

내일도

어제도 몇 개 빼내고

유리가 지나가고

아침에 깨어나도 저녁에 깨어나도 한밤중에 깨어나도

모두 똑같다고 정리가 되어간다

여기까지가 이 순간인 게 좋다

이 무리 저 무리 거닐어 가느다랗고

닮아서 소리만 남는다

눕는 순간까지가

입을 다물고 있다
그 어울림을 유일하게 옮겨 다닌다
여기서 책을 읽자
책 하나를 졸리면 자자
책 하나를 덮고
힘없는 천장이나 우그러뜨리자
바랄 수 없을 때까지
아침이 따뜻하다
참 따뜻하다

나머지의 나를 위하여

저녁에 첫 문장이다

한 그루 익숙한 좌와 우를 걸을 것 같다

어스름은 어스름답다

애틋함이란 말이 정말 애틋한 것처럼

오늘은 비가 내린 적막이다

종일 방에 있어 밖의 날씨를 모르겠다

아직도 글씨 너머로의 새하얀 그러나

물소리를 내는 거 같으면 고개를 돌리고 머물러 있다

저녁은 이렇게 온 것이리라

알 듯 알 듯 비스듬하다

여기 불을 켜고 침묵은 비로소 어둠에 놓였다

계단을 쓰리라 이 구조를

뜨거움을 나열하리라

야기한 예측과 야기하지 않은 예측 시작은 없고

시작되어야 하는 것은 많다

나머지의 눈빛으로 오르는 느낌

겨울로 연결시키는 모든 문장들의

밖으로 간략한 나무

바라봄이 바람이 되어 걷혔다

그 마음을 향해 가는 유혹은 어디인가

언덕을 넘는 발을 쓰리라

야트막한 명치끝 줄줄 새어 나오는 눈의 뿌연

반짝이는 더러움 나의 못 다함이

어디선가 겨울을 부르는 글을 쓰리라

그립다가 기꺼이 괴로운

잉잉거리는 나머지 떼

추위는 나를 애타게 하더라 너는 아무 곳에도 없더라

데려오는 그림자 소란으로

밝아오는 자꾸 기우는 마음 하나가

나의 좌절과 나의 명성을 더욱 가파르게 하니

짧은 격정으로 두려움을 물리치리

겨울을 위하여 너의 눈동자는 추위를 가지리

나의 시 나의 시는

들어보는 냉기 어린 쏟아짐마저 간직하리

그리고 쓰리 알 수 없는 진실에 그물을 던지리

눈 감는 가를 웃도는 창

영영 그런 마음으로

겨울을 다시금 켜면서 보내리

은행을 하나하나 까먹는 노인의 겨울처럼 휩싸이리

어딘가는 눈에 이르러 눈의 무리를 머금었다

조금의 분란도 없는 고요한 마음을 끊어내
고스란히 들려주는 옆모습이다
나는 이 순간을 원하는 것 같다
나는 느끼는가 보다
겨울은 없다 시는 쌓이리
어둠을 들려주는 발소리가 원천이다
나머지의 어둠으로 이 주장이 나를 살고 있다

나무는 시끄럽다

 탁자에는 조그만 흠이 있고 뭐랄까 무거운 기체가 깃들고 닫혀 있는 문에는 보고 싶은 말이 있고 누군가 있고 그림자 속으로 자꾸만 사라지는 그림자 벽에 거는 달력의 한 줄이 한두 줄 때문에 지나가고 여전히 새로운 단어가 없고 나무는 시끄럽고 한 사람에게는 늘어나는 페이지가 있고 아직 펴지는 수면이 어딘가에는 있을 것이고 나는 어지러워 등받이에 등을 기대 멀리 비바람 소리가 창문에는 갖은 자리가 다 일어서는 무딘 심장 매일매일 으깨지는 빛이 없고 알게 모르게 아무렇게나 쓸리는 차가운 사다리를 타고 올라가는 늘어선 전신주를 기다리는 가위질 소리가 좋아 가위질 소리를 들려주는 그녀가 난 너무 좋아 그러나 아침은 자라나 어디까지 닿을지 저 넘실대는 렌즈일지 안경을 닦는다 책상을 짚고 지금 생각엔 처음 이는 무늬를 센다 오늘 가장 치렁치렁하다 태연하다 느끼하다 깜빡인다 다채롭다 잔인하다 월등하다 즐비하다 미미하다 지저분하다 물렁물렁하다 어수선하다 우중충하다 바람직하다 못마땅하다 부득이하다 이바지하다 나무는 시끄럽다

나의 색채는

낙엽이 이리 불고 저리 분다. 나의 색채는 오직 천변에 몸 담그고 있다.

집에서는 카펫의 모서리를 본다. 산산한 바람이 가는 길을 안다.

이도 아니다, 저도 아니다, 들어차는 하늘을 가슴에 얹게 해달라.

고양이 네 마리가 수중의 꽃잎을 더듬는다.

나의 입술 위에는 휘황한 별이 뜬다. 뜨거운 모래 속으로 지는 별.

그리고 몸을 내려가는 방울들 없이 머물던 날 한가운데가 한 덩이로 자란다.

집에서는 물기 빠진 그릇을 그릇 위에 포개놓는다. 그리고 건물 새에서 바람이 흔들렸을 것이다.

나는 문득 팔을 쓸었을 것이다. 매번 죽는다고 해서 언제나 그런 것은 아니었다.

거리에서는 사람들도 나도 모두 눈빛을 잃어서 말려 올라간다.

난 아름답지 않아

시 얘기를 시에 쓰면 시가 더러워지는 것 같다
비가 온다
비도 더럽다
팬티에 구멍이 생긴다
문이 고양이가 자신의 화장실을 들락거리는 저것도
문이라고 부를 수 있다면 문이
시끄러워 나는 씨발새끼야 소리를 지르고 말았다
고양이가 놀랐다
잠이 부족해
팬티에 구멍이 구멍이 부러 피해 가는 환한 길목처럼
팬티에 구멍이 구멍은 어찌 됐든 지금 자꾸 생각하게 되는 팬티에 구멍인데
독자들도 슬슬 참을성이 바닥나는 것처럼 나도 지금 그렇다
날 욕하면 모두 편해진다
비는 잠깐이라도 인내를 발휘해 생각해보면
시적인 것이 전혀 아니고
오히려 시를 방해하는 무엇입니다 자꾸 제 신경을 건드

리니까요
 이런 느낌 아시나요 나는 그냥
 아무 일도 일어나지 않아서 (대개 그런데)
 끙끙 앓아가며
 말 못 할 흡사 쩍 갈라지는 어떤 영향력을 발휘하는
 짧은 흥분으로 시를 쓰곤 하는데
 여름이라고
 가을이라고
 지가 뭔데 사람을 죽이고
 지가 뭐가 잘났다고 지금 화가 잔뜩 오른 시인에게
 쓸 말을 주느냐 이거다
 하긴 당연히 비는 생각이 없으니까
 어서 가 내 화의 근원을 찾자
 그보다 중요한 건 없다
 독자들은 이게 이 인간이 도대체 무슨 말을 하려고 이렇
게까지 막 가나
 생각들 하시겠지만 나는 모르겠습니다
 이렇게 말하고 싶었던 기대와는 딴판으로
 비를 개입시켜서
 고양이를 개입시켜서
 문을 개입시켜서
 새벽에 잠도 못 자고 일어나 시 때문에! 시를 쓰고 있는

화가 난 시인을 개입시켜서

난 이 모든 것을 개입시켜서

어떤 문학을 생각하고 있는 것인데

이젠 다신 되돌릴 수 없어

내가 독자가 되어버린 기분이에요

여기까지 오니까 그냥 어리광이나 부리고 싶은 심정이에요

그래요

시는 더러워지고

너희들은 더러워

웃겨

치사해

나는 비 오는 새벽에 내가 지겨워

지긋지긋하다고

웃지 마 이게 웃겨? 난 웃기지 않아

저게 아름다워? 아름답지 않다고 말하는

혼자가 아직도

아름다워? 글쎄 난 아름답지 않아

남아 있다

눈물은 초록색이고 담장은 노란색이다
걸어간 자리는 하얀색이고 또다시 걸어간 자리는 하얀 부근이다
느낄 수 있는 것은 이들이겠으나 내가 본 것들의
생각은 저마다 그 색깔 그 중심으로 흔들리는 것들이겠으나
초록으로 구르고 담장의 칠 벗겨진 흙가에
벌레는 보이지 않는 검은 눈을 꾹 감고 지금 나는 걸어간다
시를 쓰는 시간은 걸어와서 앉은 시간에 박힌
햇빛이 만드는 일을 궁금해한다
햇빛 속을 걸어가 시를 생각하는 시간은
위아래로 훑어보는 내용이 다겠으나 햇빛 속을 걸어가
저마다의 자리는 내가 알 수 있는 환함 속의 차이겠으나
아름다워지는 구절들을 걸어가 햇빛 속을 걸어가
나는 오늘을 살고 싶고 오늘을 죽고 싶다
잠시간은 낮과 밤을 거꾸로 세운 벼랑이다
떨어지는 그 힘으로 모든 것은 더 짙거나 가벼워진다

이 걸음은 단조롭게 걷는 시간이고
걸어가는 동안 나의 매순간이겠으나
조용한 흔들림은 남아 있다고 쓴다
눈물은 짐승이 되어갈 때 사랑하는 창문이고
어디에서나 머무르기 위해 다가가는 창문이고
그 자신이 처음처럼 짐승을 삼킨 햇빛이다
햇빛 속을 걸어가 걸어가는 햇빛 속에 쏟아진다

내가 사랑한 너

 종이가 수없이 펼쳐져 있다. 손가락도 수없이 펼쳐져 있다. 입술도, 불빛도, 글자도, 덩어리들도 수없이 펼쳐져 있다. 새로운 노래가 되지 않는다. 고인 듯 서두르는 모습이다. 바깥에서부터 언저리가 모여 있다. 검은빛이고 하얀빛이다. 점점 색을 벗어난다. 쓰러지고 있다. 계속해서 녹고 있다. 그건 잠시도 지체될 수 없다. 파랗고 투명하다. 서서히 느려진다. 완벽하다. 재촉하고 있다. 열망을 따라서, 다시 갈 수 없는 순간에 떠밀려서 한가로이 부유한다. 그럴수록 모래의 모양이 많아지고 빛살의 농도가 다양해진다. 내가 본 너의 윤곽이 뚜렷해지고 내가 본 너의 무늬가 차츰 너를 잃는다. 바람이 인다. 한 모금의 기다림, 한 모금의 생기가 있다. 어떤 머뭇거림이라도 데려올 수는 없다. 길게 이어지고 있고 기나긴 미룸 뒤에서 기대어 있다. 곳곳에 드러나고 있다. 부드럽다. 곳곳에.

너를 벌하고 용서치 마라

책을 탁 소리 나게 놓고 엔터를 탁
치고 탁탁 치고 책상을 분질를듯이
분질를듯이 차보고 탁 말도 해보며
탁 탁거려보고 탁에 숨어 탁탁
박힌 글자를 흘기며 탁 이제는 잊을 때에
온다는 건 형상도 목표도 가지지 않고
의미와는 상관없고 뭣도 탁
어쩌지 못하고 썰렁한 거미줄을 본다 아쉽다
발음에 신경 써 소리 내어 읽어본다
책을 탁 소리 나게 놓고 엔터를 탁
치고 탁탁 치고 책상을 분질를듯이
분질를듯이 차보고 탁 말도 해보며
탁 탁거려보고 탁에 숨어 탁탁
박힌 글자를 흘기며 탁 이제는 잊을 때에
온다는 건 형상도 목표도 가지지 않고
의미와는 상관없고 뭣도 탁
어쩌지 못하고 썰렁한 거미줄을 본다 아쉽다
여기까지 읽곤 글자의 생김생김에

눈이 가는 답답한 속성을 파악하려 들다 오늘이
뭐였더라 어디까지 했지 냉장고는 붕
꺼지는 쓰레기는 꺼지는 쓰레기대로 멋대로 꺼질 대로
이제부턴 존댓말을 씁시다 나는 영 불편합니다
하루가 갔다 이틀이 갔다 내일은 갈 것이다 구름처럼
요 모양 요 꼴로 다 갈 거라고 갈 것이다
바람이지만 탁에 대해 당신이 뭘 안다고 탁탁거립니까?
이제부터는 없습니다 충동에 불과합니다 그건
만져봐야 충동이니 정교하고 높지요 나는 부르르 떤다
나는 오늘도 믿음으로 밀어버렸지요
무당벌레가 날아간다 그래
탁거릴 이유 탁거릴 전면전 탁거릴 말씀 탁탁거릴
모든 탁을 경멸하듯이 고스란해
가소로운 마음을 꺼내 읽으면서 나는 막상 시시해졌다
친다 친다 쳐질 것이다 이 엔터를 나는 쳐야 한다
좋다 친다 친다 쳐질 것이다 이 엔터를
쳐야 한다 나는 쳐야 한다 나는
나는 쳐야 한다 치는 건 다만 엔터도
탁도 아닌 가여운 발상을 기대하는 자에게 누구든 오라
욕을 뱉어줄 진심 어린 애원이다
여기까지 읽고 나는 택배를 받게 된다
이 늦은 시간에? 김성호는 난처하게 된다

김성호가 키우는 고양이는 잠을 깨게 된다 탁은
정말 어려워지게 된다 오늘은 미궁에 빠지게 된다
된다 된다구요 아시겠어요?
벌 떼가 새까맣게 말려드는 나의 내부를 내면이 나의 내
면이!
언젠가 천연덕스러워질 날이 오겠지
올 것이다 하고 너는 말했지 갈 것이다 하고 너는 말했어
말 것이다 문을 탁 닫고 탁 널 떠올려보고 널
똑똑 발음해보고 또박또박 거미줄이 걸린다 이보다
이보다 또렷할 순 없어 하루 종일 이게 뭐하는 짓이야
나는
나에게 관심이 있는가 하물며 배려라곤
있다 친다 친다 쳐질 것이다 이 엔터를 나는 쳐야 한다
좋다 친다 친다 쳐질 것이다 이 엔터를
쳐야 한다 나는 쳐야 한다 나는
나는 쳐야 한다 이 순간이 그래 쳐야 한다
탁뿐이라고 위로는 없다고 탁 꺼지는 것이라고
김성호가 그렇게 하듯이 그렇게만 했으면 되었던 것이다
얼마나 쉬운가!
굉장한 비밀 굉장한 결말 굉장한 아우성 굉장한
하지만 소리 없음을 깨닫고 김성호는 기가 죽게 되는데
김성호는 자신의 이름을 쓰면서 조금은 두근거리는데

이건 다 지어낸 얘기야 아니야 진짜 일이야 아니야
각색한 일이지 나는 다시 몸서리친다
책을 탁 소리 나게 놓고 엔터를 탁
치고 탁탁 치고 책상을 분질를듯이
분질를듯이 차보고 탁 말도 해보며
탁 탁거려보고 탁에 숨어 탁탁
박힌 글자를 흘기며 탁 이제는 잊을 때에
온다는 건 형상도 목표도 가지지 않고
의미와는 상관없고 뭣도 탁
어쩌지 못하고 썰렁한 거미줄을 본다 아쉽다
김성호는 어서 발정 난 개처럼 부르르 떨어라 망해버려라
귀여운 고앵이 녀석은 다시 잠들기 시작합니다
김성호는 시를 쓰겠다고 마음먹습니다
마음먹는 게 가장 중요하다고 김성호는 생각하게 됩니다
그러다 김성호는 어떻게 될까요? 죽을까요?
죽겠다는 그런 어마어마한 멋진 생각을
그 미련한 자식이 정말 했을까요? 여기까지
날다 무당벌레가 시시하게 내리꽂힌다
나는 싫어지고 말았다 알 수가 없다 탁이라고 쓰곤
그 탁은 그러나 탁뿐 그래서 더욱 탁탁거리는 그 탁은
그러나 탁뿐 냉장고는 붕 그러나 오늘의 초심을 잃지만
은 않고

요염하고 도도하게 그리고 강렬한 불빛처럼 명백해야 했다

답장

 대략 이러했다. 사상의 3할은 부엌에서 이루어지고 사상의 3할은 화장실에서 이루어지며 사상의 3할은 잠자리에서 이루어진다. 사상은 여간 까다로운 게 아니어서 1할은 자주 산책을 시켜주곤 하는데 그 와중에도 사상은 불평불만이 장관이다. 화장실 냄새에서부터 시작하여 사람들이 너 나 할 것 없이 쓰레기를 버리는 거리에서……. 여기까지 읽고 나는 책을 덮었다. 그렇다. 스스로는 까딱할 생각조차 않는 영원한 언쟁, 그 영원한 거추장스러움, 시적 여력 없는 것들의 시샘을 그토록 무자비하게 휘둘러버리지 않는가! 나는 그 시의 반경 안에서 휘적휘적 돌아다니는 요원한 차림 때문인지 다가올 나의 말을 고르는 그 1할의 개관 때문이었는지 잠들지 못했다. 그 닿지 않는 말들이 나를 평온에서 멀어지게 했다.

 대략 이러했다. 잠들기를 관두고 나는 다시 시집을 펼쳤다. 시집 후반부에 있던 시라고 생각했지만 시는 후반부에도 차례에도 없었다. 그 시는 그 시집에 없었던 것이다. 여기까지 쓰고 나서 나는 다시 그 시집을 펼칠 엄두를 못 내고 있다. 어디로든 가혹했다. 그토록 도저히 환함 속에 있을 수만은 없는 아침에 눈을 뜬 날. 나는 그렇게 묘연한 폭에 대해서 생각하기를 포기하였던 것이었는데. 정확히 모르겠다. 무엇인지, 사사건건 만개하는 포근한 공기처럼 끊어질 듯 펼쳐질 말들은 꿈과는 다른, 보다 정확한 꿈으로 사그라져가는 말들이었겠지만 나에게는 그게 꿈이어야 했다.

이제 와 내해를 기어가 되돌릴 때마다 달하는 그 사상이 내 1할의 전모였다. 너를 떠올리게 한 건 모든 나락의 비슷함이었다. 여기까지 읽고 시집을 덮었던 것인데 모든 내용들이 귀가하는 장면으로 간추린 사상의 걸음걸이로 나는 여기까지 오고 말았다. 이즈음의 생활이 너라면 속고 싶은 나는 한사코 꿈이다. 그건 이 세계에는 없는 우리의 눈먼 1할이다. 문제없는 문제이며 또 착각이다. 괜찮다. 마지막 인공에 힘을 부여하며 새벽을 내리막까지 갔다.

3할은 정확하고 4할은 부정확하다. 5할은 정확하고 6할은 부정확하다. 정확함은 정확하고 부정확함은 부정확하다. 여기저기서 끌어올린 작은 꽃잎들이 넘쳐흐르게 하였으니 그 주변은 부대끼다 죽는다. 누군가의 시는 오래도록 이 꿈을 적시는 것이었다. 나를 속이는 것이었다. 나의 애기는 너를 찾았다. 어쩐지 1할은 그 자신이 1할임을 반드시 잊어야 한다. 흘리면서 잔잔히 가면 보채며 다시 가는 산책하는 사상의 불평불만, 모든 떠밀림으로 사상의 반추들로 오지라곤 없이 덜컹거렸다. 속아도 속은 게 아니었다. 모르고 싶어 했던 것도 아니었다. 보고 싶은 것도 아니었다.

로로

나는 너에 대해 쓴다.

솟구침, 태양의 계단, 조약돌이 되는 섬; 깊은 수심에 가라앉은 이야기를 떠올리다가 나는 너를 잊곤 한다.

로로, 네 빛깔과 온도를 나는 안다. 네 얼굴이 오래도록 어둠을 우려내고 있는 것을 안다. 더 이상 깊지도 낮지도 않은 맨살 같은 나날을 로로, 나는 안다.

네가 생각에 잠길 때 조금씩 당겨지는 빛과 무관한 조도를 안다. 마음에 마음이 부딪혔다. 소리가 났다. 그쯤은 네게 자주 일어나는 일이어서 내 망각은 너의 미래에서 쑥쑥 자란다.

마을은 물에 잠기고 고통은 가장 가볍다. 로로, 내 한 살 된 부엉이를 로로라 부를 때 날개에 대해 적고 싶은
 두려움도 모른 채 쿵쾅이는 마음을 너는 알까? 여긴 쓸려 갈 거야,

온 마을의 고양이가 낮 동안 밋밋하게 비상하는 것을, 환호도 없이 사라지는 것을

너는 알까? 로로, 우리 모두는 네 내면과 살았다. 나는 그곳에서 눈에 띄지 않는 한 형상이었다. 우린 오래도록 있어도 고요한 줄 몰랐지. 나는 오늘 온통

상처투성이어서 내일도 빛을 삼키고 반짝일까 무섭다. 사지를 갖추고 내일이 지상에 엎드릴까 무섭다. 로로, 나는 널 부르면서 여전히 네가 고스란히 피어오른다고 생각하는 걸까. 그동안만은 날 잊곤 하는 걸까. 로로, 네가 들린다. 언제일까?

로로, 나는 너에 대해 쓴다.

내면에 내면이 쏟아졌다. 카스트라토

구름, 비틀림, 작은 의식, 이런 것들을 떠올리곤 하다가 나는 다시 너를 잊어버린다.

로로

빌딩이 완만한 구름으로 보인다.

따뜻한 물에 손을 담글 때 넌 잠을 건너는 얼굴, 몰두를 빚는 느린 열대. 흐린 걸음.

우글우글 퍼트릴 때 너는 스케치, 낙차를 물결 없이 그릴 때 흰 언덕이 있고 흰 풀들이 쓰러지는 문 앞, 그렇게 서 있는 거기

들려? 주먹에서 빠져나가는 쌀들. 구름의 상체를 아슬아슬하게 이동하는 여자. 전부를 푹푹 파이는 실내를. 하루를 대신하는 유리 조각같이.

땅에 닿지 않는 놀이를 하던 옥상이 저물고. 나는 손바닥을 펼친 채, 우두커니 서서 구름의 목소리가 되어가는 너를 가로지른 채

선명히 잘린 채. 따뜻한 알들이 깨어난다. 들려? 네가 너

의 후렴을 부른다. 따뜻한 알들이. 후렴을 합창하는 나의 살아 있는 창들이. 네가 두 손을 모으고

 중심부터 멸망한다. 잠든 얼굴에서 걸어 나가기 시작한다. 주먹에서 빠져나가는 쌀들. 흰 풀들. 흰 굽이. 더욱 말없이 흔들리는 흰 나무. 오래된 테이블, 거기

 여자가 창가에 와 머문다. 너무도 고요한 보폭을 가진 구름. 나는 손을 담그고 물, 흐려지는, 알갱이들의 숨.

로로

 붉은 벽지는 그려진 것 없이 붉다. 거리에서 밝는 둘레가 흐려진다. 모퉁이를 돌다가 전봇대를 지나다가 한 걸음 사라지는 소리를 듣는다. 바람이 부는 거리에서 나는 본다. 불을 본다.

 식당 한구석에 앉아 있을 때 나는 본다. 유리문 너머로 얼어붙고 무수한 금을 만든다. 멀고도 가깝게 울리는 그곳에서 누워 있는 아침을 본다.

 대낮을 메우던 출렁임에 관하여. 나는 붉은 벽지를 본다. 그 속에서 그토록 붉기만 한 어떤 모습을 본다. 너에게 말한다. 사방의 고조를 모두 삼킨 호수 같다. 너는 잔잔하기만 하다.

 바람이 분다. 요동치는 한 줌 봄빛에 관하여. 뜨거움에 관하여. 거리로 나간다. 신호 맞은편 바람이 하는 모양으로 일제히 흔들리는 뒷모습이 하늘에 삐죽 걸려 있다. 눈을 감으며 본다.

다가오고 있는 날들의 이마 위로 기우는 것에 관하여. 하나의 불을 켠 채 나는 본다. 번쩍임을 넘어서. 숨어든 긴 목소리가 가장 가까이에 있다.

아침을 지나 저녁에 선다. 거리를 지나 우리를 서성이게 만드는 어떤 소리에 몸을 버린다. 우리가 적고 믿어온 비밀을 지나 우리는 다시 아침에 선다. 모퉁이를 돌다 돌아보면 아이가 하나 서 있다.

나는 붉은 벽지를 본다. 멎는 빛에 나는 밀린다. 집을 나온다. 거리의 몸통을 찍으며 간다. 저녁의 거리에서 사람들이 저마다 알 수 없는 것을 두 손에 안고 가는 것을 본다.

그러나 하늘 아래 서도 붉은 흔적이 모으는 것들에 관하여. 나는 거리에서 또다시 하늘이 비치는 곳에서 본다. 붉은 벽지가 깔린 집에서 붉은 벽지 안을 깨끗이 치우고 본다. 나는 본다.

로로

똑같은 말을 들어본다.

오목한 의자가 쓰러지고 있다. 쓰러지고 있다. 물떼새, 새벽, 그런 것들이 지났다. 한 뼘 한 뼘 나는 시를 썼다. 여기까지 어느덧 걸리고 있는 밤낮으로 잦았다. 그러면 더 잦은 진폭이 되어 더 작은 공간을 묻어가, 그런 장면이 지났다.

똑같은 말을 들어본다. 가슴을 밀고 뜸해지면서 가슴엔 두 겹이 스미고 있다. 둥근 목소리를 만드는 둥근 눈물이었다. 둥글어서 빠지고 있었다. 투명한 동작 속의 사람도 보인다고. 똑같은 말을 들어본다.

감돎, 사이로 말린 바닥 같은 것들도 지나서 하나의 모습, 어스름, 그런 것들이 지났다. 나는 똑같은 말을 들어본다. 속이 비치는 말을 들어본다. 너를 두고 그때 낮달, 검은색, 그런 것들이 똑같이 터져나갔다. 나를 데려가는 오전의 손길과 해우의 더 이른 시간.

마지막은 울. 너의 끝엔 똑같은 말로 삼았다. 마지막은 울. 눈, 바람, 변화가 똑같이 걸었다. 나는 똑같은 말을 들어본다. 하나의 결성과 다른 하나의 결성을, 늦게 오는 마지막 꼭 잘못 찍힌 울을 따라서 똑같은 말을 들어본다.

 멀어지는 말을 들어본다.

 멀어지는 말을 나는 들어본다. 들림, 나의 것, 그런 것들도 지났다. 지붕에서 또는 탁자에서 내가 생각할 수 있는 가장 먼 것에서 듣는 모습이 똑같아졌다. 너였던 말이 차오른다. 내가 들을 수 있는 건 똑같은 말이었다. 듣고 싶은 것도 똑같은 말이었다.

 물음, 칸칸 나른했던 그런 것들이 지나기 전에 쏟아지는 반점이 돋았다. 똑같은 조각들이 떠다녀 간간한 안팎으로 줄었다. 과도함, 확실성, 빛나는 것을 헤치고 빛인 줄 앉아 있으면 생긴 것도 들은 것도 없었다.

 똑같은 말을 들어본다. 나는 너를 두고 똑같은 말, 똑같은 널 그려본다. 거기에서 온다고 거기라고 그때는 말해본다. 멀어진 암흑보다 팽팽한 보지 못하는 모양을 써냈다고, 그러면 밝는 것이 아니라 지워지는 거였다. 나는 들어본다.

이제는 들어보는 것에서 나는 생각할 테지만, 아무도 알지 않고 숨도 쉬지 않고 나는 너에게 모든 것을 털어놓고 싶다. 그런 말을 하고부터는 다시 환할까 봐 멀리서부터 불을 켰다. 불이 하나씩 켜졌다. 불이 하나씩 켜지는 넓은 밤을 길게 썼다.

로로

 유리잔을 본다. 남자가 신문을 읽고 있다. 사방이 하얗다. 철문 쪽으로 모여들고 있는 큼큼한 햇빛 가루가 떨어져 내린다. 남자는 안경테를 바로 쓰며 신문에 집중하고 있다. 바다가 출렁이고 있다. 새가 한 마리 날아간다. 문간에는 삽 하나가 있고 과일이 담긴 바구니가 그늘 속에서도 반짝이고 있다. 개집이 있다. 개는 없다. 개 밥그릇이 있고 그 옆에 물그릇이 깨끗하게 말라 있다. 하늘은 파랗다. 어디서부턴가 오솔길이 이어지고 숲으로는 드문드문 바라보이는 다양한 잎사귀의 꼴과 그 꼴이 짓는 희미한 역광이 또다시 바람에 날리고 있다. 은은하다. 아담하고 오래된 놀이기구에 몸을 맡기듯 이리저리 흔들리고 다시 주춤한다. 전등갓에 거미줄이 내려와 있다. 자전거는 탄력 잃은 고무바퀴 밑으로 점점 주저앉는 모양이고 이상하게 축축한 눈동자를 굴리며 노파 하나가 밭으로 간다. 그 뒤로 언덕이 보인다. 언덕과 숲이 노파를 사이에 두고 나뉜 양상이다. 어디서 소가 우는데 소가 우는 소리가 나는데 소는 보이지 않고 우는 소리 같은 게 들린다. 하늘은 텅 빈 듯이 보이고 아무 내보임도 없이 완강하게 보이기도 하고 하늘색만 한없이 펼쳐져 있어서 떠나려는 것 같고 하늘 속으로 마치 어지럽게 계속 들어가는 것도 같다. 집 뒤란에는 담장이 있고 담장 아래에는 까만 개미가 모이고 있다. 회칠한 담에는 흐릿한 글자가 있고 부스러기가 흩날리는 듯해 동전이나 열쇠 같은 것으로 긁어낸 낙서 같다. 남자가 앉은 의자는 둔중하고 불편해 보인다. 다리는 튼튼해 보이지만 조금만 움직여도 삐걱거리는 소리가 날 것 같다. 등받이 왼쪽으로 이어지는 곳에 스티커처럼 페인트나 물감 같은 남빛이 있다. 휴가를 기대하는 해변다운 해변이 없는 곳이기 때문에 몇몇 사람은 해변답지 않은 해변에서 각자 휴가를 맛보고 있을 것이다. 흙구덩이를 파던 고양이는 곧 마당 한편에 자리한 부뚜막 쪽을 향해 돌아본다. 그곳에 새가 날아와 앉았다. 더운 잠을 자고 있는 뱀이 눈을 뜬다. 빨간 열매가 범벅으로 익어간다. 새가 날개를 치댄다. 검고 반짝이는 이목구비가 보이는 듯도 하다. 바람은 또 불고 은연중에 바람에 사라지는 것이 있다면 그건 공기 속에 부푸는 새 바람일 것이다. 남자는 안경을 벗고 눈을 비빈다. 언덕과 마당과 하늘과 바다가 속속 닦인다. 노파는 감자를 캐나 보다. 씨알이 굵은 감자가 여럿이다. 땅거미가 지려는지 밭 멀찍이 둘러 있는 산울타리부터 산울타리를 잡고 있는 흙까지 오톨도톨해진다. 노파는 감자가 든 바구니를 들고 발걸음을 옮긴다. 덜렁거리는 호미도 한 개. 못의 금붕어가 뻐끔뻐끔 물거품을 밀며

수면 위로 오르고 있다. 부엌의 사실이 그림자 진다. 묽은 옷감 같은 파라솔 하나가 접히고 있다. 남자는 눈을 감고 있다. 어디선가 나비도 눈을 감고 있다. 집에 불이 들어오고 마당이 황금빛이 된다. 마당이 한눈에 담긴다. 땅이 군데군데 찍혀 있고 황금빛이 만들어낸 가벼운 무늬 아래에서 문이 열리고 있다.

로로와 의자

 풀려버린 낯빛이고 로로와 의자에 앉은 맨다리이다.
 종이를 만지는 손길이고 로로와 의자에 앉은 빼곡한 몸통이다.
 어둠은 푹신하게 지나간다.
 어둠은 조용하게 지나간다.
 어둠은 로로와 의자를 지나간다. 로로와 의자는 어둠을 바라본다.

 풀려버린 살갗이고 멎으러 오는 노래의 너비이다.
 로로와 의자에 앉은 희박한 연기이고 그걸 나는 목말라 한다.
 오늘의 새가 운다.
 새가 운다.
 오늘의 새는 계속해서 나의 의자를 울도록 둔다.
 낮은 인물이고 낮은 차양이며 낮은 주단. 새가 운다.
 잡아 달라고. 잡아 달라고.

 풀려버린 꺼풀이고 로로와 의자에 잠기는 작품과 지대.

그걸 내리고 내린다.
　그걸 떨리게 바라보는 문 뒤의 첫 현실이다.
　로로와 의자에 앉아 보는 지난 입술이고
　엎드리는 거실.
　로로와 의자. 웅크리게 된다.

　로로와 의자에 앉아 생각하는
　로로와 움직임들. 부딪침들. 일어오는 소리.
　분명치 않은 거리. 두 호주머니.
　오랜 시간.
　로로와 의자.
　하늘의 점이 파묻히는 게 내게는 쉽게 특징지어진다.

　풀려버린 무리이고 로로와 의자의 모형. 실내를 걸어간다.
　나의 꼭 맞는 의자이다.
　풀려버린 뺨이고 곡선을 잡는 정오이고 오로지 가라앉는 네모 상자이며
　나의 꼭 맞는 의자이다.
　어둠을 천천히 기어가는 딱딱함이다. 딱딱함을 천천히 기어가는 밋밋함이다.
　눈을 감고 싶다. 눈을 뜨고 싶다.

로로와 의자를 보는 나의 의자이다.
로로와 의자에 앉는
나의 꼭 맞는 의자이다.
바람이 오고 햇빛이 오고
잔잔한 나무 의자이다.
나의 꼭 맞는 의자이다.

내가 바라보는 나의 빈 의자이다.
로로와 의자를 싣고 가는 속도이며
로로와 의자가 있는 비행기
로로와 의자에 앉는 필기구와 옷걸이.
또 나의 깊숙한 등허리이다.

로로와 의자는 오늘 일찍 잔다.
로로와 의자는 걸어갈 수 있는 거리에 있다.

로로와 해

어떤 생각 속에서 해를 본다. 해는 머물러 있다. 해는 여전히 거기 있다. 해가 걸려서 나를 보고 있다.

집 밖은 공사가 한창이다. 빌라 한 채를 다 허물고 포클레인이 흙을 퍼 나른다. 그 자리에 흙물이 드러난다. 측량기사가 줄자를 가지고 앉았다 왔다 갔다 한다.

창 난간에는 눈이 녹았다 쌓였다 반복하다 얼음이 언다. 눈을 감아도 보이는 것이 없다. 그런 건 없다고 한다. 포클레인이 잘게 부순 돌무더기를 옮긴다. 못 보던 문틀과 철심들이 생겨 있다.

하늘 꼭대기를 본다. 조그맣게 한 귀에 쏠리고 있는 건너의 추녀를 본다. 큰 차가 오는 주연어린이집 앞에 입간판이 펄럭인다. 해가 드리워져 있다.

땅을 덮은 돌무더기 속에 나는 눕는다. 이젠 빈터가 된 곳에서 웅장한 소리가 난다. 한쪽에 해가 남아 있다. 지금은 없다.

몸짓

그때였다
나는 그곳에서
금빛을 보고
은빛을 보았다
하지만 그건
금빛도 은빛도 아닌
어떤 흐름 같았다
그건 흐르고 있으니까
하지만 바라볼수록
금빛 흐름도
은빛 흐름도
흐름도
그곳에 있지 않은 것 같다
흘러가지만
흐름 같지 않고
그들 빛으로
더 빛나지만
나는 그곳에서

떠나오기 때문이다
떠나와서
금빛을 보고
은빛을 보고
흐른다 한다
흐름을 보고
빛나는 흐름이라 한다
흐름이 끝나간다

문장

 담배를 피우고 있었다. 멀리 십자가가 걸려 있었다. 빛나진 않고 서늘하게 걸려 있었다. 십자가. 마치 그곳에 마땅히 걸려 있어야 하는 것처럼 보였다. 십자가에 대해서 더 말을 하자면 그것이 이 상황에 확실히 어울리는 어떤 것이라는 것처럼 그렇게 걸려 있었다. 십자가를 보고 있었다.

 편의점 파라솔이었다. 나는 파라솔 아래 앉아 담배를 피우고 있었다. 방금 담배를 사서 나온 것이다. 이것이 나는 기억 안 난다. 담배를 피우며 직장 상사가 먹으라고 준 요구르트를 먹고 있었다. 요구르트는 여닫을 수 있는 뚜껑이 있는 요구르트였는데 난 요구르트 은박 껍질을 뜯다가 입술을 살짝 베였고 그게 나는 거슬렸다. 그럼에도 나는 담배를 맛있게 피우려 노력하고 있었다. 주위에선 소음이 규칙적으로 들려오고 있었는데 그건 제본소에서 나는 그것과 비슷한 소리였다. 제본소가 있는 동네. 나는 중얼거렸다. 제본소가 있는 동네. 비슷한 소리. 하지만 다른 골목과 골목과는 다른 코너를 돌아도 제본소를 본 적이 있음을 깨닫고 다른 골목에 있는 코너와 그곳에서 울리는 제본소 소리가 코너를 돌면 내가 있는 코너로 이어지고 골목 앞에서 그리고 골목과 코너에 서서 어떤 제본소를 떠올렸음을 가늠하고 다시 이어지는 그 코너에 서서 다른 골목을 유심히 들여다본 기억이 있음을 깨닫고 나는 고쳐 중얼거렸다. 제본소가 많은 동네. 제본소가 많은 동네. 그건 쿵쿵쾅 쿵쿵쾅 쿵쿵쾅 쿵쿵 쿵쿵쾅 끊임없이 들리며 확실히 (이것은 중요하다) 마치 규칙적인 소리를 내고 있었는데 그 소리는 규칙적인 소리만은 아니라는 듯 그건 내가 들어본 제본소의 소리만은 아니라는 듯 알 수 없는 의심을 내게 품게 했고 이끌리듯 나는 정말 그런 의심을 품었다. 규칙적인 제본소 소리 바로 그것이라는 확신이 나는 있었다. 그리고 품게 했다는 것이 중요하게 느껴졌다.

나는 담배를 피우고 있었다. 나는 담배를 다 피우고 우체국에 가야 했다. 쓸데없음이 되어. 나는 담배를 피우다 한 생각에 사로잡혔다.

이것이 영화 같다는 생각이었다. 나는 담배를 피우고 있었다. 분명히 이것이 영화의 그러니까 조심스러운 것이라는 생각이었다. 이건 영화적인 어떠한 느낌이 든다고 무슨 무슨 영화 같은 느낌이 묘하게 든다 나는 생각했다. 나는 파라솔 아래 앉아 생각했다. 담배를 피우는 동안만 그냥 나는 이대로 앉아 담배를 피우고 이런 나를 찍는 단편영화 생각을 한다. 거추장스러운 포즈라든가 야심이 있다면 다리를 꼰 것이고 나는 이대로 앉아 담배를 피우고 거릴 보고 십자가는 확실히 거기 있어야 한다 하듯 있다. 제목은 '시야'. 그리고 우리가 흔히 날씨 얘기를 하는 것이 우리가 얘기하는 어떤 것을 받아들이는 것과 관련 있다는 생각도 했다. 아무튼 그건 영화가 할 일이지만 나는 그런 생각을 한다.

나는 담배를 피우고 있었다. 그러면서 호스를 들고 물 뿌리는 사람을 보았는데 그러면서 그 사람은 바닥을 적시면서 물을 뿌리고 있었고 그러면서 나는 왜 물을 뿌리는 것과 바닥을 적시는 것이 별개로 생각이 드는지 아주 조금 생각해보았고 그러면서 그러나 깊게 생각하게 되었으며 다시 그 사람의 물 뿌리는 모습을 바라보았는데 바닥을 적시면서 그는 정말 전혀 이상할 것은 없다는 듯이 물을 뿌리고 있었고 그저 계단을 적시고 있었는데 물은 계단을 내려와 거리를 적시고 있었고 나는 그것을 밟지 않기 위해 경계하며 갈 필요가 있었다. 그렇지만 지금 나는 앉아서 담배를 피우고 있었다. 물 뿌리는 사람은 물 뿌리는 것에 신경을 매우 많이 집중하고 있는 듯이 보였는데 그래서였는지는 몰라도 물 뿌리는 사람은 물 뿌리기 위해 존재하는 것처럼 물은 존재하는 것처럼 보였고 이것처럼 나는 드러나는 것처럼 보였다.

  호스를 잡아당기는 사람

  시제는 하나다
  호스를 잡아당기는 사람
  나는 밟았다 잡아당기기 전에
  나는 끌려갔다 미끄러지기 전에

  시점은 하나다
  호스를 잡아당기는 사람
  왼쪽에 분수가 있다 오른쪽에서 뿜는다
  무림을 달린다 단 한 가지 모든 것

  영원은 하나다
  호스를 잡아당기는 사람
  소리 쪽으로 조금 기체 쪽으로 반쯤 잠겨서
  나머지는 우는 얼굴

  나는 건넌다 물이 튄다
  멀어지는 아스팔트
  푸른 하늘이 물에 닿은 푸른 나무를 덮친다

호스를 잡아당기는 사람

더 잘 드러내기 위하여 십자가와 같이 마땅히 저곳에 걸려 있어야 한다는 듯이 걸리고 그러고 보면 걸려 있는 것처럼 느껴지는 것과 지금 물 뿌리는 사람이 지금 물을 뿌리고 지금 물을 뿌리기 위해 여기 있다는 인상 그리고 무언가 겹쳐지는 등등이 어쩐지 야릇했다. 그렇지만 난 담배를 피우고 있었다. 그리고 나는 우체국 생각을 했다.

우체국은 사람이 많을 거야. 많아야 해. 그래야 금요일의 우체국이지. 그러면서 나는 이제는 얼마 남지 않은 담배를 피우면서 신경을 살짝 건드리는 약간 쓰린 입술을 느꼈다. 그리고 나는 파라솔 아래 앉아서 담배를 피우는 건 큰 것은 아닐지라도 행복 같다 생각했다. 조금의, 나쁘지 않은, 괜찮은 정도는 되는. 앉아 담배를 피우는 건 행복한 일이다. 나는 행복을 느꼈다.

행복을 주는 문장은 아니었는데 나는 행복을 느끼며 담배를 피우고 있었다. 앉아서 담배를 피우며 거리를 내다보는 일은 행복한 일이다.

행복을 느끼는 일이다. 파라솔은 그런 기분을 내게 준다. 나는 담배를 피우고 나는 행복하다. 나는 행복 속이 빙글거린다고 생각하려 노력했다.

나는 담배를 피우고 있었다. 심심하면 십자가를 한번 봤다. 젖은 거리도 다시 봤다. 내다보는 게 맞긴 했다. 그러곤 담배를 껐다. 피로가 되어. 요구르트는 아까 다 마셨고 나는 담배꽁초를 요구르트 병에 넣었다. 요구르트는 여닫는 뚜껑이 있는 요구르트였고 나는 꽁초를 넣고 그걸 닫았다. 나는 파라솔 아래 더 있고 싶은 기분을 느꼈다. 그러나 난 우체국에 가야 했다. 금요일의 우체국. 알록달록한 인파. 그리고 나는 일어섰다. 요구르트 병을 재활용에다 버릴지 쓰레기에다 버릴지 잠시 고민이 들었으나 당연히 쓰레기가 마땅해 보였다. 여길 쓰는 도중에 여기에 행복 같은 어떤 것이 드러날 여지도 있어 보였지만 여길 쓰는 도중에 자던 고양이가 무릎 위로 올라온다. 이 순간처럼. 요구르트 병을 나는 넣었다. 처음으로 근접한 느낌을 받았다고 나는 생각해보았다. 나는 우체국을 향해 걸었다. 입술은 아주 적당히 그 적은 쓰라림만큼만 신경을 거슬리게 했고 나는 걸으면서 바람이 많이 부는 금요일. 바람은 중요하지 않다. 금요일의 우체국. 바람 많이 부는 금요일의 우체국. 몇 번 생각해보았고 허사였고 나는 이 문장을 지웠는데 여기서 발견한다.

 그냥 든 생각은 안면이 있는 편의점 아줌마가 쓰레기통을 보면 잠시 의아해하지 않을까 하는 생각이었는데 그건 쓰레기통이 뚜껑이 없고 적나라하고 그 요구르트가 가게에서 파는 물건이 아니니까 이렇게 단정할 수도 있고 그건 그 집에서 파는 물건이 아니니까 이렇게 의아함을 부풀려도 좋다는 생각이었다. 요구르트 병을 쓰레기통에 던질 때는 미처 생각하지 못한 바가 맞다. 이 시를 쓰는 장면만 제외할 수 있다면 그것이 가능하다면 이건 꼭 단편영화 5분 혹은 7, 8분짜리 내가 있는 모습과 관계가 없는 단편영화여도 좋겠다는 생각을 했다. '시야'. 고양이는 내게서 멀어지고 멀리 있는데도 멀어지는 것처럼 멀어지는 것 같다.

담배
십자가
쿵쾅 소리 제본소
거기 있어야 한다는 듯이 어긋남 없이
그게 혹은 어울린다는 듯이
확실하게
물뿌리는사람 물뿌리기위해 물뿌리기위해 물뿌리는사람
존재한다는듯이
내가 쓰고 있는 사실만 빼면 더욱
나는 참혹해질 것이다
기대한 것을 얻게 된다
앉아서 담배를 피우는 건 행복
담배를 끄고 할 일이 없다는 건 행복
내가 먹은 요구르트 병
그러나 나는 행복하지 못하다는

이건 이곳에서 파는 물건이 아닌데

입술이 아픈 거 요구르트 껍데기

우체국에 있던 자판기

비가 온다

고양이 흰 눈

아치

문장을 쓰게 되면

문장을 쓰게 되면 시를 쓰게 된다
시를 쓰게 되면 모든 것이 시가 된다
그것은 문자로 있게 된다
시달림들 그 많은 시달림들이 사라지게 된다
그러다 나도 문자라는 것을 깨닫게 되고
시로도 이루어지지 않는 문자를 보게 된다
최초로 돌아가자 말하는 장관
그곳에는 모든 것이 말하게 되었다
그 무서운 연극 존재도 없는 것들을
어디서나 보게 되고 그들이 가진 힘을 느끼게 된다
쓰게 될 것이 분명한 힘을
그리고 아직 잃어버릴 것이 남았는가 묻게 된다
시는 그곳에서 말한다
육체는 끊임없이 추락한다
더 갈 수 있는 건 심중의 평평한 테뿐이다
어리둥절함 고장난 꼿꼿한 깃발
온 모습으로 생동하는 조용함
공간 숨소리 숨

멈추지 못하는 것은 나뿐인가
멈추는 것은 나쁜인가
이것은 희고 단단한 것 나만을 원하고 있는 것
분간됨을 벗어나 나만이 내가 되는 것

비 오는 날의 달팽이

비가 온다. 시작은 이래야 했다. 자주 가는 장소, 내가 담배를 피우며 커피 잔을 놓는 장소는 거기, 내 자리에 달팽이가 보였다. 나는 쓸 것이 많지만 달팽이는 쓸 것을 준 것이다. 나는 집을 갖고 사는 것이, 집을 갖고 다니는 것이, 그 모습이 참 귀엽고 앙증맞았다. 달팽이가 움직이다가 풀이 눈에 닿아서 쏙 눈이 들어가는 모습이 참 귀엽고 앙증맞아서 나도 덩달아 눈을 깜빡였다. 비가 온다. 왜 비만 오면 달팽이가 보이는가? 달팽이는 하나의 시, 나는 달팽이를 보며 하나의 시를 써야겠다고 마음먹는다. 저것은 오래도록 기어 온 나의 시, 저것은 동그랗고 우왕좌왕하는 말랑말랑한 나의 시다. 달팽이를 보고 돌아온 것이 내가 가져온 나의 시. 달팽이는 떠났지만, 내가 달팽이를 떠나왔지만, 내가 달팽이를 보며 움직이는 모습이 골똘히 집이랑 함께 다니는 달팽이였다. 그렇게도 아침을 건드리는 것이 달팽이가 빗속에서 띄운 모가지였다. 비가 부슬부슬 온다. 부슬부슬 비가 오니까 빼꼼 나왔다가 다시 집 안으로 들어간다.

비가 온다

비가 온다. 창문으로 빗물이 주룩주룩 흘러내린다. 앞 벽지도 주룩주룩 흘러내리는 문양을 가졌다. 그걸 이제야 안다. 비가 온다. 비는 내 사방에 올 것이지만 빗물은 창문을 타고 주룩주룩 흘러내린다.

책상에 울이 졌다. 싸구려 책상은 코팅에 울이 졌다. 잔 놓는 소리가 크다. 창문을 닫아도 들리는 구름처럼 그런 소리들이 있다. 글자를 만드는 건 쉽다. 그러나 글자를 만드는 건 어렵게 느껴진다. 톡톡 치면 한숨이 나온다. 톡톡 친다. 키보드를 톡톡 치면 기분이 좀 나아진다.

그런 생각을 했다. 그런 모습은 아니었고 고양이는 아장아장 지나갔다. 나도 아장아장 걷고 싶어라. 그럼 틈을 못 찾겠지. 힘겨운 틈을. 너무 조심스러워서 꽁꽁 묶여 있겠지. 비는 자꾸 온다. 비가 자꾸자꾸 왔으면 좋겠다. 옆에도 있고 앞에도 있는 건 어디에나 있고 이런 말을 써놓으면 막상 시시하다. 방금 눈이 지나갔다.

하지만 지금은 글자가 예쁘다. 비가 창을 두드린다. 창밖 실외기를 두드리는 것인데 언제나 창을 두드린다. 구름은 몰려다니고, 구름은 그러나 보이지 않고 여기가 비의 방이라면 어쩐지 좋겠다. 나는 글자를, 젖은 글자를 만들 것이다. 젖은 글자를 내리는 시는 어떨까. 비는 어떨까. 고양이 비를 보고 싶다. 우비의 고기를.

비는 어떻게 오는가. 바람을 지우면서 온다. 비는 어떻게 오는가. 깨달으면서 온다. 출근하는 양복 바짓가랑이를 적시면서 온다. 아마도 지금 달리는 차 지붕을 때리면서 온다. 비여, 이렇게. 나는 쓴다.

책상에서 듣는 건 비. 이것은 힘든 결정. 글자가 떠다닌 건 시 한 줄에 넘쳐서 이렇게 단숨에 쓴다. 한 줄이 심정 같은 것. 저기 섞인 푸름이 썩는 게 비에 부딪혀 낼 수 없는 너무 큰 소리여서 이렇게 우울하게 쓴다. 하지만 비는 오늘 키보드를 치면서 오고 오늘 시는 딴청을 부리듯 쓴다. 쓰나. 이 시를 내가 쓰나.

비가 와서 창을 열지 못하게 한다. 이제는 기울어서 흔들리는 벽지를 바라본다. 비가 오고 있다. 이렇게 비가 많이 오는데 나는 들을 수 있다. 톡톡 키보드를 치면서 여기까지 썼는데 여기까지 오니까 기분이 정말 점점 이상하다. 이러지 말자. 비가 무섭게 온다. 진짜 좋다.

사이토우 마리코

마음의 첫 음은 네모 안에 그 마음이 들어 있는 것 같다. 이것이 제 마음입니다. 처음 마음을 전달했을 때 바라보던 나의 마음. 잎을 건드리는 바람이 오늘 나를 찾아온 마음. 돌멩이를 툭툭 차며 나는 걸어간다. 그럴 때면 두 손으로 나를 받치고 움직이는 마음으로 가만가만 돌아가는 것 같다. 마주 보는 마음은 비워두고 이 소리가 마음을 찾는 것이라 하기에.

산책

산책 가서 본 개들의 꼬리는 하얬다. 개들도 하얀 개들이 주였다. 앙증맞다. 짧은 다리로 개들은 주인보다 빨리 움직였다. 사람은 움직일 수 없다. 난 이 말이 하고 싶다. 우선 말해야 할 것을 잘 모르겠는데 내가 숨이 차도록 뛰다가 더 이상 뛸 수 없을 때까지 뛰다 멈췄을 때 등 뒤에서 하얀 개로 추정되는 개가 짖었다. 모든 것은 하얘지지 않았고 마침내 사라지지도 않았다. 그리고 꼬리 하얀 개들이 따라온다. 그들은 주춤거릴 때 그리고 뛸 때 그리고 걸을 때에도 보인다. 나는 생각한다. 그들이 꼬리를 흔들어주었으면. 산책로의 나도 이런 문장을 떠올렸을 것이다. 흔들어주었으면, 흔들어주었으면, 흔 들 어 주 었 으 면 띄어쓰기하면서 옆을 본다. 지금은 물을 마시고 있는데 아름다운, 아름다운, 산책을 다녀와서 벌써 1리터는 마신 거 같은데 물은 지금 마실수록 해로운 느낌을 주고 나는 자꾸 목이 마르다. 나는 쓰고 싶어진다. 산책 때 느낌이 난다. 그리고 곧 나는 아름다운, 아름다운, 말의 해명에 사로잡힌다. 산책을 떠올리며 다시 나는 목이 탄다. 나는 기억한다. 나는 오늘 뛰었다. 나는 오늘 잊기 위해, 무언가를 떠나보내기 위해 산책을 하고 돌아왔다. 오늘 뛴 산책로에는 크지 않은 광장 비슷한 곳이 있는데 거기엔 사람이 모이지 않고 나도 가지 않았다. 그런데 거길 뛰어 지나가면서 그곳에 사람이 하나 앉아 있어야 한다고 난 생각했다. 그곳에 사람이 하나 앉아 있으면 어둠 속에서 사람이 하나 앉아 산책로 아래의 어둡고 더러운 물을 바라보고 있었다면 어땠을까. 나는 산책로가 끝나는 지점에서 이젠 길이 없나 핸드폰을 들어 플래시를 비춰보았을 때도 고요하고 끝 모를 것을 전달받았다. 그곳엔 아무 빛도 없었다. 그런 지하도의 배경만이 있었다. 광장, 여름에는 청둥오리들이 살았고 또다시 이런 해명에 사로잡힐 때 나는 산책에서 돌아온 것이 아니라 더 어둡고 깊은 곳으로 들어갔다. 뛰는 사람들. 어쩌면 퇴근 후에 휴식에 처해야 할 시간을 뛰고 걸으면서 산책로에 있는 사람들. 개와 함께 다니는 사람들. 아이들도 있었다. 아이들과 온 사람들은 뛰지 않고 걸었으며. 아이는 뛰려 하고. 산책에서 본 것들. 집에서, 이제는 커피를 마시기 시작하고. 뒤이은 개. 아름다움은 굴러가는 모양에서 튕겨 오른 것이었고 물은 실시간의 파고에서 산책은 산책 가서 본 것들로 점점이 이루어지다 그러다 또 만다. 올라와 있는 두 손등을 본다. 집을 오르는 계단에서는 걷는 것도 뛰는 것도 아니었다. 산책에서 돌아온 사람 같지 않고 계단을 오르는 사람 같았다.

살아본 몸에 가면 된다

　오리무중의 노란색 바탕 위에서 크기가 점점 크기를 형성하고 있는 글자체. 궁리하는 빛이 검음에 모였고 그 곡선은 휘어짐이라 하기엔 너무 안타까운 면이 있다. 창밖 풍경은 풍경 속으로 잠입하지 못하고 풍경이라는 것이 있다면 그것은 아마 저런 모양으로 내 앞에 우선은 와 있다. 있는 것이다. 비치는 것이 흰히 드러난다. 그리고 가운데 뾰족한 것이 있어 흩어진 가지들이 처량하고 넘실대며 나무라는 단어를 나는 잊는다. 아깝다 말하기엔 아깝고 모자라다 말하기엔 너무 분명하다. 직전. 글자체는 정성 들여 씌었으며 불꽃. 불꽃은 소리를 내는데 가장 화려한 것이 어느새 화려한 것이 되었다. 사람들은 일촉즉발의 선험성을 지닌다. 발짓이 나를 끌어당기기에 나는 끄는 발을 오므렸다. 시공에 관해 한마디. 모양과 증명에 관한 사담. 이런 고민은 그러나 적절치 못하다. 바람이 불고 바람은 왜 부는 것이냐 물었지만 바람은 불고 바람은 왜 나를 간단히 하는 것이냐 물었지만 바람처럼 가득했고 등 뒤에 그가 서 있다면 나는 이 모습을 보여주리라. 나의 모습을. 가렸던 손바닥을 펴리라. 고요해지리라.

불꽃. 여자와 남자를 가르는 위치에 그런 음성이 있었다. 빛깔들의 정체가 궁금하거들랑 안고 와 쏟아지는 물방울을 삼키고 젖은 몸을 보고 가장 날랜 손가락의 뜨거움을 맛보리라. 그리고 그것은 빛깔들의 정체를 묻게 되리라. 한 글자가 씌었고 두 글자가 씌어서 오랜 우물을 들여다보게 한다. 우물, 가진 게 없는 말이다. 휘어지면서 빨개지는 곡선에 의미를 부여하거들랑 그가 서 있는 공간이 그의 공간이라고 처단할 아무런 선택이 없다. 나는 나를 주저하는 데 이르렀다. 어떤 어우러짐이 있을까. 고요했다. 여백은 손바닥을 펴고 불을 쬔다. 더 이상 불안한 것이 닿은 믿음에 대해 궁금해하지 않는다. 상승의 크기. 오리무중의 마치 자신을 한껏 오므리다가도 한껏 펼쳐놓으려는 듯한 처절한 동요 속에서 동물들은 내가 상상할 수 있는 가장 유익한 것들이었으나 상승의 크기, 나는 다시 창문 속에서 불친절한 차가움이라고 불친절하게 쓴다.

해와 늪이 있었다. 기대어 오르는 그림자, 설 수 없는 문이 있었다. 사람들이 총총히 지나갔고 책상이 있었다. 냄새는 지혜롭다라는 문장을 바라보면서 당연히 불꽃이 만들어내는 그 전체에 대해 생각했으나 혼자 타오르는 불꽃은 허공 속으로, 무덤이 없는 자들의 비밀 속으로, 그러나 다시 휘감아 오르는 티끌이기에 동그라미를 확 낚아채 가는 바람 속으로, 그러니까 불꽃이 되어 책상 앞에 앉아 있다는 투였다. 그랬다. 자비로운 흰 몸들의 바탕의 무성한 몸들을 섞을 수 있다면 그 완전한 부력은 나를 지켜줄 것이다. 나는 바라고 또 바란다. 사람은 획득하지 않고 살 수 있다. 사람은 살 수 있다. 저기 바람이 크다. 저기 불꽃이 고요하다. 나에게 다가오는 그림자. 선명한 속삭임이라 부르는 몸짓. 거기서 태초의 움직임이 있었다. 아무래도 그랬던 것이다.

시를 걸어간다

시를 걸어가자. 내 행위를 전면적으로 쓸 수 있을 것이다.

시를 걸어가자. 소리가 운다. 난간의 햇빛이 그림자를 데우는 것처럼 안쪽 쇠를 상상하는 나, 부자유의 물건을 만든다.

모니터의 얼룩을 닦는다. 지금 나는, 더러운, 더욱더 더러운, 글자들을 그리고 시를 생각한다.

시여, 바스러짐이여, 종잇장이여, 침전의 팔뚝이여, 생활의 한 금을 줍는 새여, 목덜미를 바라보는 이상한 검은 바위의 돌기들이여.

자꾸 말 붙이는 이미지 하나가 늘 시 속에는 감추어져 있다. 그것이 말이 되어갈 때 그것이 시 속에서 살아남는가 하는, 이를 지키려 하는 결단의 풀이인가는 미지수로 남는다.

내가 살아 있는 것은 내가 느낀 감동에서 찾을 수 있다. 자신의 어떤 시는 파괴된다. 그때 그것은 시가 아니지만 시가 될 수 있는 재료로 부유한다.

더 악랄하게! 자족의 화법으로 시의 길이 하루하루를 떼내고 괴롭게 감응하게 한다. 정직함? 그것의 진짜 의미는 견딜 필요를 느낄 수 없는 것이다.

나의 공중이여, 맨몸의 분석이여, 한 줄의 출렁이는 아담한 시계 창고여, 둔탁한 소리를 내지만, 책상이여. 나는 쓰고 싶은 말은 없지만 무언가로 들끓어 죽은 살빛까지 다 볼 수가 있다.

시를 걸어가자. 해를 달을 불식시키는 줄무늬의 변주로. 잠들기까지의 진동하는 장미나무로. 상처의 균형으로. 시를 걸어가자. 생기 없이 비틀어진 내가 특별하지도 노곤하지도 않은 한 시선의 평이함으로서.

완벽한 환희. 발자국들이 뒤섞여 있다. 화풍의 지진과 타일의 둔덕. 쪼그려 앉아 헤아렸던 완전한 지혜들, 캄캄함. 이내 폭발하고 마는……… 어느 속을 기다리면, 물방울들이 일제히 물방울 없이 찰랑거리듯 다른 시간은 세상 앞에서 틀린 판을 돌린다.

나는 잃어버리고만 싶다. 그리고 끝내 혼자 남아서 나 자신을 증오하고 저주하고 싶다.

시를 걸어서 끝맺으면 된다. 그것이 시를 걸어서 내가 본 심연이다. 심층이다. 층계이며 또렷한 촛대이며 닻의 부연이며 처박히는 자락이다. 눈앞에 달라붙는 햇살로 떨어지는 무덤의 가랑이이다. 한껏 뒤엉킨 바람눈에 이끼가 끼면 무성해질 것이다. 의자에서 멍청하게 날이 어두워지는 걸 바라볼 것이다.

나는 또 알고 만다. 그걸 자신의 문장으로 보는 자가 가능한 자의 불가항력이다.

머뭇거리면, 시간이 길어지면 걸어간다. 손자국을 만발하면서 이윽고 어딘가를 흔들면서 가리려 할 때, 꽉 찬 증기의 숟가락을 씹지 못해서 흐리게 해 팽창할 때 모든 조용한 동전들. 고요한 소리를 낼 때. 내가 알아냄이 아니라 시를 눈치챔일 때.

죽어 있는 것은 어떤가. 그것도 살 방법이다. 표현하는 심약한 즐거움으로 우아하게 유동하는 것은? 즐거움은 살아가는 데 도움이 된다. 그것도 나쁘지 않다.

달아나기 시작한 것들은 파장만을 부른다. 고개를 턴다. 작동의 시간인 것이다. 아니 이것은 오해의 시간이다. 쓴 것을 보라. 저 문고리를 잡으려 한다. 저 연둣빛을 주검을 살리려 한다. 비상을 빼앗으려 한다. 하지만 그것은 그것을 붙잡으려는 것일 뿐 아무것도 아니다. 시일 뿐 아무것도 아니다.

시에 대한 일

 시에 대한 일을 하는 시에 대한 일을 하는 시에 대한 일을 하는 나는 시에 대한 일을 하지 않으면서도 시에 대한 일을 한다고 할 수 있다. 공기가 찬데 보란 듯이 웃통을 벗을 일이 없는 나는 손가락으로 그리는 일을 한다. 비가 오면 내리붓고 눈이 오면 퍼붓고 하는 그 불특정 다수 혼자 하는 일을 나는 한다. 의자도 사람이다. 나는 사람에게 가 앉는다. 시에 대한 일을 하는 나는 보이지 않는 빛으로 된 층계 더미를 눈썹까지 끌어올리고 물을 마시며 차가운 물 더운 물 차가운 말 더운 말과 함께 내려가는 곳에 앉아 있는 사람이기 때문에 자주 소리를 낸다. 틱 하고 탁 하고 톡 하고 질질 끄는 둔탁한 협소함과 현란함을 감춘 채 황량한 바람이 내는 소리를 나는 가진다. 사람에게 앉아서 나는 보는 것이다. 입 벌리고서 침을 꼴깍 삼키는 것이다. 나는 오해된 자처럼 눕는다. 이렇게 눕는 것은 꼭 시에 대해서 할 말이 있는 기분을 내게 던져준다. 나는 생각한다. 오래된 광란의 한 페이지가 버려졌다. 맨발의 느긋함을 나누어주고 싶다. 시에 대한 일을 하면서 나는 벌떡 일어나 다음 종잇장에 무슨 일이 일어나는지 따져본다. 머리를 긁으면서 조금 뒤척이는 불안한 대기의 냄새를 맡고 움직이는 것은 보지 못한 채 약간의 진행에 흥겨워한다. 어깨는 꾸준히 내려간다. 이불 속에서 운명을 받아들이고 잠들 수도 바깥을 바깥 이상으로 복잡하게 만들 것처럼 휘청휘청 걸어 다닐 수도 있는 나는 시에 대한 일을 하는 나라서 아무런 존재도 갖지 않고 하는 일을 불신하고 불명예스러워한다. 코를 박고 죽는 것도 있다. 죽어도 그만 죽지 않아도 그만. 하지만 죽으면 패한 것이고 죽지 않아도 패한 것이고 당연히 패배만을 가능성으로 만드는 일 외엔 역시나 자립심이 없다. 시에 대한 일을 하는 나는 뭔가 분분하고 난난한 것에 마음을 뺏기는데 나라서인지 너라서인지 아무도 모르게 일어나는 세계의 증량이랄지 또 그만 헐떡이다가 빼먹었다. 시에 대한 일을 하는 나는 공중도 없어서 우선 다리를 놓고 구름에도 그물을 놓고 빛나는 네온도 놓고 하는데 다 슬픈 일이 되기 전에 끈기를 가진다. 끈기를 가진다고 쓰면 끈기를 가질 수 있다. 다른 것도 아니고 시에 대한 일이기 때문이다. 오로지 그래 오로지 나와 시만 있다면 그건 우스운 일이며 동시다발적인 일이며 노가 부러지는 일인데 침몰할 건 없어도 덩그러니 버려질 순 있다. 하지만 나는 정확하게 논하여 시에 대한 일을 하는 나는 상상의 그 우둔한 면을 달가워하지 않고 그리하여 자꾸 생각의 토씨처럼 이루어지는 글쎄 사람들이 알아볼까 하는 작고 찬란한 찰나에 관심을 가지는데 이를테면 조금 침울하다거나 왜 저기 저게 놓여 있는가 하는 것이 그것이다. 왜 바닥에 꼭 저렇게 있는가. 그러면 시간을 요리조리 오리는 것도 식사하는 것도 화장실 가는 것도 다 요사스러워져서 다리라도 한껏 뻗어보리라 궁금증을 자아내는 것이다. 널빤지, 널빤지, 널빤지, 널빤지가 주는 쾌감에 대해서도 나는 익숙하다. 시에 대한 일을 하는 건 설명할 순 있어도 설명답게 전달력이 있진 않아서 좀체 희박해지지만 들썩이는 나무로 만든 쇠가 일그러지지만 여기까지 시에 대한 일이라서 내가 항상 헛헛하며 한기에 떤다는 걸 그 예시로 들 수 있다. 나는 지금 무엇도 움직이지 않는 걸 본다. 참 희한하게도 생겼다. 어디서 오는지 모를 일이다. 시에 대한 일을 하는 나는 거기에서 핀셋으로 조금 옮길 수 있는 부분을 찾을 양으로 치면 느슨한 불빛에서 혼자 꿈을 꿀 일인데 아무래도 여행을 떠나는 일이고 보면 생활의 적도 생활의 장작들도 세수하는 낯처럼 아기 조각보만 한 빛의 온기에 추월당하게 된다. 밤의 소리가 그와 친밀한 이유를 거부할 힘이 내겐 없다. 그렇지만 아까부터 나는 아 이런 것도 내가 만들어낸 일이구나 한다. 밤이 내려와 앉았구나. 이래저래 참혹하다. 나는 늘씬한 평면처럼 휘황찬란하게 녹아들고 싶다. 눈을 감으면 짧고 눈을 뜨면 선명한 나는 앉아 있구나. 시에 대한 일 대신 가느다란 줄금에 관심을 둔다. 모처럼 호탕하게 웃어볼 생각도

한다. 여전히 말이 없구나. 저곳에서 알리길 원하듯 신음하
는구나.

시큼한 밀기울

 행동을 갖고 의미를 갖는다. 행동을 갖고 의미를 갖고 위기를 맞이한다. 시큼한 밀기울이 나타난다. 시큼한 밀기울이 나타나고 시큼한 밀기울이 사라진다. 시큼한 밀기울이 펼쳐진다. 그곳은 미지의 새로운 생애를 원하고 있다. 동작도 처연하고 죽음도 처연하고 처연함도 처연하다. 바람이 불고 있었다. 바람이 불고 있었고 바람이 부는 것은 불어오는 바람을 놓아주는 어떤 것이었다. 나는 그것을 매번 읽는다. 시큼한 밀기울이 길어진다. 이제 시큼한 밀기울은 골라낼 수 없는 특정한 어떤 것이 된다. 시큼한 밀기울은 딸랑거리는 방울의 소리이다. 시큼한 밀기울은 날아다니는 풀 냄새이다. 시큼한 밀기울은 시큼한 밀기울이기에 더욱 시간이 없다. 검게 거리끼는 시큼한 밀기울. 시큼한 밀기울. 바람을 불게 해야겠다. 바람이 불고 있었다. 짓이겨지는 시큼한 밀기울. 행동처럼 서 있고 위기처럼 서 있고 절벽처럼 눈앞에 세워지는 것이 있다. 밀기울의 길이. 물과 불의 노래를 목소리처럼 자세히 볼 수 없다. 밀기울의 길이. 물과 불의 노래를 더 이상 자랑스러운 것에게 내어줄 수 없다. 밀기울의 길이. 나는 동시에 시큼한 밀기울에 대한 의구심을 떨쳐낼 수 없다.

  의미의 포섭 안에 열린 피사체. 그가 날 본다. 어둠을 보고 있다. 나는 지금 쓰고 있다. 시큼한 밀기울을. 언어는 투명한데 내가 투명하지 않다. 언어는 투명하지 않을 수가 없다. 투명해서 모조리 보이거든. 다만 내가 문제이다. 다른 문제는 없다. 그리고 변모하지 않는다. 쓴 것을 보이라. 시큼한 밀기울이 거짓을 고했으니 바닥에 떨어지는 끈적이는 검은 표면이라 하여도 이 밤은 달라지지 않는다. 그리고 행동하고 있었다. 정말 모든 것을 행동하고 있었다. 사각과 빗변을 틈타서 가지 않는 한 그것은 사각과 빗변으로 전부 흡수되고 말 것이다. 진심으로 나는 말한다. 의미의 포섭 안에 빨리는 헛된 기울기. 정교함으로 돌아앉는 형형의 나신들. 헛된 별. 헛된 기운. 언제나, 모든 것이, 왜 점차 작은 시도를 향하여 가는지, 뭉개지는 하얀 입막음을, 그 흡입을 점차 야위게 하는지. 어디로도 뻗어나가지 못하고 자신을 꽁꽁 묶은 채 묶임의 너무 생각하는 너무 속해 있는 저쪽의 나는 알 수 없고, 작중의 소거들을 죽이는 것. 그들을 이끄는 것. 죽이는 것. 단단한 생명체에 가까이 간다. 바람이 불고 있었다. 바람은 어디로든 불고 있었다. 설명할 수 있을 만큼 선명하게 펼쳐지고 시큼한 밀기울이 나타났고 그것을 쓰자 첫 백지의 신경증에 걸린 마지막까지 환해졌다. 쓰지 않을 것을 그저 보이라. 주변이 조용해진다. 나는 8 7 6 5 4

점점 떨어진다. 고양이는 망상에 있지 않았다. 나는 시큼한 밀기울의 두 공백을 보고 있었다. 사물들은 제 밤에 깃들어 있는, 아마도 다시는 다룰 수 없는 표현의 양식을 부표처럼 끌고 날아간다. 계산되지 않은 남음. 사방의 단어를 살릴 수 없다. 죽일 수도 없다. 최대한 괴롭히듯 써야 한다. 그리고 쓰지 말아야 해. 나는 이 자장 안에 있다. 시큼한 밀기울의 기울기. 고개를 꺾다, 크게 눕히다, 가팔라지는 벽의 세움을 나누며 방치하다, 방치하며 동시에 일으키다, 하얀 입막음으로 묶다, 헤엄쳐 가다, 나무가 앉아 있다. 수면에 앉아 어둠의 긴장을 자꾸 더 짙은 피안으로 밀고 있는 시큼한 밀기울. 바람이 커진다. 바람이 분다. 시큼한 밀기울이 행동처럼 나타나고 그곳에 놓인 모든 돌아다니는 죽음을 나는 앞다투어 써낸다. 환한 곳이 흐물거려서 저주스러운 꿈결까지 쫓아온다. 시큼한 밀기울. 시큼한 밀기울. 바람을 안식으로 곧 안식의 바람으로 만들어야겠다. 바람이 분다. 고양이는 항상 느끼는 눈치다. 이런 시를 썼다. 세계가 지나갈 것이다. 완벽한 더 많은 것들이 지나갈 것이다. 시큼한 밀기울이 나를 보고 미소 지을 것이다. 나는 신경질적인 이 백지가 좋을 것이다. 시큼한 밀기울. 시큼한 밀기울. 누군가 나를 데려간다. 그는 시의 주인. 그는 시의 주인이지만 바람을 불러내진 않는다. 바람은 내가 불러내고 그는 내게 상상력과 정신력을 부여한다. 한쪽에는 시큼한 밀기울이 존재하고 한쪽에는 시간이 시큼한 밀기울을 자정에 걸쳐놓아서 행동이 서 있고 낙오가 저지하듯 무엇인가 얼어붙고 반짝이고 얼어붙는다. 시큼한 밀기울로. 밀기울의 기울기로. 쓰지 않을 것을 쓰지 않아야 한다. 쓴 것을 보이라. 저지하고 있다. 이곳의 밝기는 관찰된 죽음이다. 늙고 있다. 하얀 입막음을 따라가고 있다. 그것이 투명한지 아닌지 언어는 알려주지 않는다. 내가 방금 떠올려 사라지게 한 그 무엇처럼 투명하기만 하다.

물이 찰랑거리고 있다. 물이 찰랑거리고 있었다. 밀기울의 밀물처럼. 그건 물이었다. 연기가 일고 있다. 연기가 일고 있었다. 그건 연기. 나, 나라는 것은 계속되고 있었다. 나라는 것은 계속되고 있다. 단어를 참고 있다. 내가 참을 수 있을까. 오전이었다. 오전. 열렬한 밀기울은 없었다. 단지 시큼한 밀기울에 대해서 나는 갈등한다. 뿔이 기울고 있었다. 그건 뿔. 다른 걸 써봐도 전무하다는 단어가 나온다. 바다. 질주. 질주한다. 좋은 단어. 나는 책상에 앉아 쏠리는 것을 상상한다. 기울어지는 것. 전면 회전한다. 지나간다. 시큼한 밀기울. 사랑받는다. 물. 수건을 걸어놓는다. 어둠을 두 개로 자른다. 어둠을 봉지에 묶어 버린다. 눈. 시야를 확보한다. 확보한다. 검은 머리 빛. 시큼한 밀기울. 나타난다. 시큼한 밀기울이 사라진다. 시큼한 밀기울이 사라지고 시큼한 밀기울이 나타난다. 추위가 느껴지자 바람이 빛난다.

그리고 바람은 알고 있다. 바람만이 알고 있다. 바람은 알고 있다. 바람은 낯설다. 아니다. 정확히 쓰자. 내 눈에 밤이 들어오기 시작했다. 그래도, 그러나 시큼한 밀기울은 남는다. 어딜 가야 할 건 아니다. 아직도 저쪽에 있는 시큼한 밀기울을 피해 간다. 의지를 감추는 것처럼. 창가를 계속 순환하는 것처럼. 내가 견디는 겨울이 난 이상하다. 쓴 문장은 단순히 문장이므로. 큰비를 예보하던 기상 캐스터가 분명히 나만 알아볼 수 있는 암시를 했다. 영하가 되는 시를 만들 수 있고 애원하는 시를 어떻게든 살려놓을 수 있고. 시를 안 쓰면서 보니까 고양이가 똑바로 보이지 않는다. 그 목소리는 내 앞으로 오고 있고 오는 중이고 난 정말로 죽을 수 있다. 사지가 뒤틀리면서. 남는다. 남는다! 나는 절망적인 심정이 된다. 나는 혼동하고 싶지 않은데 혼동하고 있고 그 이유는 그저 보이고 있기 때문이다. 여전히. 문장은 날 끝내지 않고 더 말할 수 있고. 하지만 생각해봐, 정말인지. 그러네? 옷깃 같은 거네? 한 벌의 언어네.

* '시큼한 밀기울', 「풀에 대해 나는 아무 할 말도 없다」에서. 레이몽 끄노. 함유선 번역. 현대시사상 창간호.

쓸쓸하면 흰 풀을 집어

언어는 의미를 잃었고 형체는 계속되었다.
문을 걸어 잠그고 싶다.
문이 아니라도 좋다.
내겐 지금 걸어 잠글 것이 필요하다.
그리고 그냥 쏟다.
샤워기 꼭두각시 그냥 쏟다.
물 그림 그냥 쏟다.
전면은 반복적이고 전체는 유지되는 가지런한 말을 들려준다.
의미는 의미를 잃고 대답은 없다.
가루는 선별되었다.
이웃이 소리를 낸다.
커피 묻은 입술을 훔치고
사소한 차이를 찾아서
무거운 공간에 앉아 밀려가는 날 볼 수도 있겠지만
나는 저곳이 그립다.
암흑. 최소의 황제.
물체는 극단을 잃어버렸고

나의 의미는 추워라.

한 벌의 외투로 이 뜨거운 서리를

한 장의 백지로 조여온다.

나는 그것을 땅을 울리는 별 요람의 빛나는 군대라 부르련다.

어떤 소란스러움이 남을 것인가.

시를 멈추는 것은 인상을 멈추는 것.

사는 것은 반 박자 반 박자

반 적히는 것을 보며 나는 별로지만 우선 즐거움을 느끼고 있다.

녹록지 않다. 곧장 적이다.

들어오고 불쑥 솟아오르는

큰 걸음 하나 가릴

그림자를 끌고 오지만, 낮잠음이여,

나를 잃어버린 채로, 할퀴고, 계속되어,

더 쉼표를 찍어, 그런,

노련한 눈물을 잃어버린 채로,

그것이 나를 재능에 불과하게 한다.

하지만 내가 대하는 의지는 좀 축약되는 구석이 있다.

둔탁한 소리. 소리가 난다.

이 이유를 찾아들어 가면

막다르게 이동할 내가 그려질 것이지만

모든 걸 그냥 차갑게 쓰련다.

방금 본 단어가 시든 걸 누가 알까.

흙과 파편과 안개의

알갱이로 뒤덮였고 연거푸 이다지도 사위는 걸 본다.

종국엔 내가 잃었고 그것은 원하는 대로 커져갔다.

나는 어지럽게 고통받지 않으련다.

하지만 이것은 곤경의 노래가 아닌 노래.

좌우로 흔들리면서 내게 다가오는 사잇길의 손가락.

배꼽부터 물이 차오르거든 언어는

발치에서 밤하늘을 느끼듯이 나는

책 위에 다시 책을 올려두네. 기분만 바꾸네.

끄트머릴 집어 올리네.

힘이 약화되었으니 캄캄한 가루들이 떨어지는

사랑을 시험하려 드네.

상관없는 문장이 뜨겁다.

흰 풀이 돋아 흰 풀을 집어

쓸쓸하면 한 문장 더.

흰 풀이 돋아 흰 풀을 집어 쓸쓸하면 흰 풀을 집어.

아무렇지 않다

눈물 속으로 잠입하는 것이야 아무렇지 않다 오늘은 바람이 흔들린다 바람이 날 깨운다 그 멀기만 먼 소란이야 아무렇지 않다 바람이 자는 침묵만이 아무도 몰랐다 그건 한때 나를 요원했으므로 이제는 잃어버린 빛만큼 발광하여야 한다 나는 잠시가 이다지도 창백한 푸르른 막 같다 거기에 대보는 나의 뺨이야 나의 선연한 윤곽이야 그건 어쩌면 읽자마자 나를 떼내는 시의 착각하게 만드는 음성 같은 것일까 그래 아무것도 아니다 맨 나중 속을 들고 간다 해도 땅만큼 더운 뿌리를 갈라지게 해 기운 내 발길 속을 헤매도 아무렇지가 않단 말이다 오늘 바람이 흔들리면 나는 이렇게도 흔들리는 때를 엿보며 나에게 시끄러운 외침은 잦아들었고 그걸 매만지는 품의 이름은 어느덧 기억 같은 꺼지지 않는 광증과 싸웠다 한다

어둠 속

기척에 다가설 여지가 없고
파이는 그 마음 온데간데없다
어둠은 이렇게 왔지만
어둠은 여기에 있고
그렇지만 항상 살아 있는 어딘가에
이 말만으론 얌전히 죽어 있을 뿐이다
내가 흔적으로 맴도는 것들을
걸어야 할 이유는 없다
하지만 그것은 스스로도
잘 알지 못하는 말을 듣고 있기에
언제나 움직임을 갖고
언제나 가장 흘러가는 것이다
나는 내가 끝나가고 있다는 걸 안다
그리고 애쓰지 않아도 될 심연에 대해서도
그것이 나의 말일까 생각하는 것은
어리석지만 어둠이 되어가는 이유가
한 번 더 텅 빔으로 인하여
언제나처럼 오래되었음을 안다

나의 공중이 가끔은 나의 무게이듯이
어둠 속에서 헤어지고 있듯이
그것은 나의 이야기는 아니다
한 번 더 자신을 보여주는 어둠이
다시금 혼자서 가리키며 자신이었던
어떤 시간은 나를 따라간다
그리고 나는 보고 싶은 것을 보게 된다

언급되고 있다

 빛과 다른 포효였고 가져본 적 없는 두려움인 모든 것의 느껴본 적 없는 의지, 그 충일은 너무도 나를 복종키에 충분했다. 열연함으로도 없다. 사사로운 의사도 없다. 자의는 영영 새롭지 못하다. 다 살아내는 순간이다. 아직도 보인다. 이로움이기에 조화롭다. 그 까닭을 알기에 원하였던 방종을 틈탄다. 다음 문장에 능하다. 그마저 맞닥뜨린, 그러나 이로움이기에 그러한 순간도 허락지 않는다. 만족하는 비인 곳, 나타났다가 사라지는, 그 까다롭고도 무료한 나란히 더는 드나들 수 없는 일치가 되어 차단함을 다 불러들이는 현격하고도 대개는 반경을 잃은 낱말들로 날카롭게 꿈만 같은 나를 나는 사랑하지도 사랑한 적도 없다. 부스러짐을. 그러한 달함이 모든 고조를 끌고 가 너머에 부린 하나의 시를 얻기도 하였지만 나는 심히 떨리고 이 굽이굽이에 새로이 지워질 곳을 찾는다. 만족하는 비인 곳, 일제히 두텁게 떨어지는 눈물 한 방울의 투명한 낮은 의지, 떨림으로 모여 떨어지는가. 세세하고 극히 결연하여 속속들이 움켜쥐고 있는 순간순간 한없는 휴식으로 언뜻 번뜩임을 취하는 흐드러짐이 그곳을 범람하려 들어 나는 견딜 수 없고 아무렇게나 고요가 마련된 곳에 내가 기댈 수 있는 포효의 이유는 가장 탄식에 두드러진다. 표현은 얼마나 바람직한 가. 날듯 날리기에 깃든 이로움이기에 자신인 양 머뭇거린다. 의지는 그 얼마나 표현을 의심치 않는가. 정신은 너무나도 다른 내용이다. 그것은 더 이른 깊이의 적소에 쪼개지는 순간의 무산화, 격정의 여지없음. 그로써 살아가고 전진할 것이다. 모두가 버림받았다. 그럼에도 끝을 들어 올리는 이 끔찍한 힘을 좌시하여 더는 다룰 수 없는 그 힘은 끝없는 비애를 만들기에 이르렀다. 시를 믿으라는 것인가. 믿으라는 시인가. 나는 나락으로 가득하여 엎드릴 수 없는 강요의 끝, 자유만이 이날을 탐하고 끝내 가라앉아 부질없이 타락할 것이다. 이 또한 묻지 않을 것이다. 경험하고 마비를 온갖 덜컹임을 필두로 하여 만족하는 비인 곳, 투명함의 낮은 비좁은 방울방울을 노리고 고통을 그토록 놀리는 자, 차라리 절망하고 싶은가. 아늑한 죄를 원하는가. 시로 돌아오면 시는 달라져 있다. 이것만은 나에게 주는 것이다. 명확하여 다시는 없을 그런 느낌에 정확히 떨어지는 원들. 여지를. 여지를. 그 섬세한 간격에서 그 섬세함만으로 시작되어야 한다. 위안은 그 얼마나 바람직하게 시작되고자 하는가.

언어 창문

이 동작이 있을 뿐이다.

무엇을 메우고 있는가.

침대 위에서는 선선하였다. 소소한 풍화를 더듬는 것처럼. 그들은 일치하고 반복되고 서늘하고 감각적이었다.

빨래를 돌린다. 일월의 어느 날이다.

고개를 숙이며 잠시 느낌을 얹을 수 있을 뿐인데. 추위를 들락거리는 소리가 내게 다가와

한 모금 마시면 딱 한 모금 죽는다.

먼지가 풀풀 날리는 날.

의자 위에서 존다. 나는 저것이라고 말한다. 이것이 아니라고, 그렇지 않다고 말한다. 익숙하다고.

산책하는 나는 굉장하다고, 알 수 없다고,

문 앞에서 돌아본 나는 책상 앞에서 돌아본 나와 지나는 한밤일 것이라고

보았다.

보이지 않았는데 보았다.

창공을 쓰면 겨울이다.

피로는 안개처럼 알알한데 바스라진다.

화장실에서 나온다.

내려가는 계단이 있어

얽혀 있어

여느 하루 같은 커튼을 여미고 있어

이 길은 평면 같다.

내가 온 시간이 나 같지 않다.

일월의 어느 날이다.

이불 속에서 나오지 않았는데 방금까지도 시에서 나오지 않았다.

시계에 있는 숫자를 보는 나는 헐렁하다.

형광등은 꺼진다.

나는 생각한다.

일월의 어느 날에

나는 감각적인 슬픔을 생각하고 시를 쓴다는 것을 생각한다.

외출에서 돌아와 밖이 춥다.

얼어가는 쓰레기 같은 겨울이다.

창문도 얼어붙었는데

고개를 돌리고 나는 마음이라니.

눈에 파묻혀 죽어.

스탠드도 꺼야겠다.

얇은 모서리 같은 걸 들추고 있는 것 같다.

설거질 하자.

움직이자.

끝이 있을 것이다.

다시 일어나 화장실에 간다.

알았다.

흠뻑 젖어서 짙어진 보라색 단을 짜면서

긴 치마를 입은 여인들이 완벽하게 펼쳐진 하늘을 끌고 일제히 걸어오는 것이다.

호박아. 날 좀 봐. 응? 그 큰 눈을 좀 깜빡여 봐.

언어는

 언어는 4분의 3에 있다. 언어는 더 작은 4분의 3에 있고 신비로운 단추에 있다. 언어는 아무 일도 일어나지 않는다. 언어는 찬장에 있다. 언어는 끼워져 있고 지금은 밤이라서 아스팔트를 올라오고 아무도 밟지 않는 흙의 고조에 있다. 언어는 아무 일도 일어나지 않는다. 언어는 확실한 긴장에 있고 그걸 무엇이라 표현하지 않는 한 언어는 아무 일도 일어나지 않는다. 거기에 언어의 비책이 있다. 언어는 울음에 있고 가슴에 있고 손가락마다에 있다고 믿었는데 눈 감을 때 보는 검은 붉음에 있어서 나는 언어가 달아날까 겁난다. 언어는 화면에 손쉽게 있다. 그리고 언어는 감정에 손쉽게 있다. 나는 언어가 아무 일도 일어나지 않아서 그것이 잠들 때 보고 식사 후에 본 언어임을 금방 알아챈다. 언어는 아무 일도 일어나지 않아서 나는 언어가 저기 맨 밑에서 끓고 있다고 생각한다. 그러나 언어는 아무 일도 일어나지 않아서 나를 언어인 체한다. 내가 겨울밤을 따라갔다고 해서 눈 감을 때 본 검은 붉음에 일부로 환원된다고 해서 언어는 아니다. 언어이기도 하다. 언어는 아무 일이 없다. 언어는 홀가분해 보이는 시선의 겨울잠에도 있고 찻물에도 있고 능

청에도 있고 혹에도 있고 성냥개비에도 있는데 그것은 있어서 나를 주변 풍경처럼 못 가게도 한다. 이것을 유지시키는 건 언어도 나도 아닌데 이것을 확언하는 것은 무엇인가. 모르겠다. 다만 언어는 아까 본 언어에 있어서 나는 그것이 매달려 있다, 내게로 온다, 나는 고를 수 없다 생각한다. 가장 다룰 수 없는 것은 언어가 아무 일이 없다는 것이다. 표현은 지난 일이라서 공중을 날아다니든 고양이를 열고 들어가든 그런 건 언어의 일이 아니다. 시인의 일이다. 언어의 일은 그냥 있는 것이다. 언어의 일상을 인정하자. 시를 어떻게 쓰는가. 모르겠다. 언어는 아무튼 이곳저곳에 있고 그것을 제목을 붙이고 한 편으로 만든다고 해서 시이기는 한데 시가 아닌 것도 같다. 시에 있으려는 언어를 난 본 적이 없다. 그럼 이건 시가 아닌가. 언어는 아무 일이 없다. 아무 일이 없어서 내가 이렇게 힘든가 보다. 그래도 힘이라는 건 분명히 있어서 그것은 나를 끌어안고 또 나를 달래고 세수하다 본 거울에서 여기까지 쓴 걸 내리 기억한다. 단어는 없는 게 없다. 나는 억울하다.

열망

 죽음에 떨어지는 것은 흰 자두고 가려지는 것은 나처럼 같은 느낌의 썰어 희끗한 모눈종이. 모눈종이. 물방울이 튀어 다닥다닥 붙는다. 저녁은 숨. 저녁 책상의 단정함. 저녁은 숨. 저녁은 빛깔을 가진 숨이 내뱉는 거리가 사방 몰래 들어간다. 당장 이마에 드러나는 밤중의 잎이 오고 있었다. 어느 상처 입은 구멍이 그 안에 다섯 손가락이 떤 떨리고 남은 것이 핏기 선연한 장관을 헤치며 구겨진다. 잘 살펴볼까? 그것이 시인 줄 모르면서 내 문장은 서랍. 내 문장은 포말. 내 문장은 많은 걸 모른다. 내 문장은 달빛. 공중에 들린다. 이중 배치. 그것이 시인 줄 모르면서 너무 많은 바퀴가 굴러가고 한 나무를 빙 둘러치는 오묘한 생기의 징그러움. 아무래도 시인 줄 모르면서 넘어오는 둘레의 시. 시간은 타자기. 시간은 책등 먼지. 시간은 이빨들처럼 또는 이빨들처럼 저녁에 나란히 붙어 있는 이빨들처럼 단단한 이빨들처럼 빨리 돌아가는 최면. 중략. 여백 그 사이사이 가로지른 떨기 위에 운 좋게 다닌 빗방울로서 유리와 유리가 갖는 불룩한 머금음으로서. 어쨌든 시가 있어야 한다. 내 눈앞에는 많은 것이 떠오르고 느슨한 허리 한 자락에 들어

전락의 더미는 모로 쉰다. 망루의 진을 말리지 않을 수 없다. 생활이 나쁘다. 부인이 나쁘다. 부인은 부산하다. 긴 목을 난다. 시는 저녁에 모여 사나. 시인 줄도 모르면서 같은 방향 하나의 분위기로 돌아 나간다. 강물 위의 생각으로 달아오르나. 나의 고무 피리 눅진한 빛 터지는 귓가에 점점이 남는 물 위의 방울들 떨려가면서는 아득한 줄 끊어지고 다시 하얗게 기다린 뒤로는 입술을 질질 끌고 무엇이었나. 창문이 나쁘다. 티끌이 나쁘다. 따끔하다. 저녁을 시원하게 하는 바람 속에서 나의 문장은 다가오기에. 화장실 작은 환기창을 열어보는 높이. 시가 왜냐하면 훌훌 털어버리기에. 더 늦은 목소리라면 더 잦은 웅성거림으로 돌아 저녁에서 저녁까지 모는 소리가 기억하기에. 시간은 술잔 묻어 다니는 까만 매미. 안과 안으로 부드럽게 안과 안으로 시가 시인 줄 모르고 그 산실이 산책하는 시인 줄 모르고 길이만 흔들리는 바다의 노곤함인 줄도 모르고 나는 같은 타자기를 두드렸네. 같은 타자기를 두드렸네. 지옥이 없고 갈증이 없고 망하지 않은 자태의 구두가 없고 나는 같은 타자기를 두드렸네. 저녁이 이어졌네. 하루가 이어졌네. 나는 무엇이든 단조롭고 똑같이 말하는 같은 타자기를 두드렸네.

우리 집에

문자 알람 소리에도 놀란다

눈을 치켜떠

커피가 얼마나 남았나 본다

새

커다란 새가 한쪽 날개를 펼치면 이런 모양일 거다

시가 씌어진 전체적인 모양

나는 나를 받아들였다

이런 시는 처음 써본다

소리로 채운 시는 써봤다

시한테 쥐어 터지는 것 같다

순간적이며 독보다는 독기를 품고 있으며 시큰둥한 위안에서 유린이 근절되기 시작하는 때다

총총거리며 잡아당길 수 있는 입장의 노쇠한 부분을 붙박기보다는 함몰시킨다

간질이기 시작하면 나는 못 한다

물에 애벌레 알이 슬어 먼지는 지옥의 학살하는 꿈같은 여인

시종일관 뒤덮어 눈 밑을 긴다면 걷혀도 푸짐하게 퍼질

거다
　그러면 깜빡 졸았어도 춤을 출 거다
　덜덜 떨린다
　돌이 새까맣다
　돌은 새까맣지 않다 우리 집에 돌은 없다
　이 시에 돌은 없다
　털이 새까맣다
　털은 새까맣지 않다 우리 집에 털은 없다

은유에 오르다

졸도한다
산다
은유가 번진다
물길이 덮듯 멀다
뒤틀린 꿈
알 수 없는 푸른 줄기에
가닿는다
침묵이 습하다
붉은 줄기가 되는 푸른 줄기
붉은 줄기가 알 수 없는
붉은 줄기가
되어 나는 낯기만 하다
꿈은 스치자 떠올랐다
끝이 없다
바다를 먹는 줄기
일렁임이 끝을 붙잡으려 한다
무성한 줄기
축이 휜다

줄지어 비고 있다
떠올리지 못한
가득 차는
남는
불
어둠의 너울을 본다
은유는 작아지고
작아져
멎은 은유에 산다
그 끝이 굵직굵직하다
은유가 흐른다
눈가를 걷는다
이 어둠이
머금고 있는 시린 줄기들이
마르며 발가벗는다
좁은 형상을 마련한다
눈을 열듯 길다
비명이다
뒤엉킴
마련될 수 없는
어둠을 포개는 불
내려간다

나의 두려움
몸을 가진다
꽉 찬 눈물
날린다
빛
하나
사라지고는 온다
얼굴
사물들
머무르다 떠났다
커다랗고 커다란
붉은 잎사귀가 되어간다
어둠을 떨어트린다
은유에 오른다
나는 묻힌다
여운을 갖는다

있는 날개

끝나지 않는다면 끝나지 않는다면
끝나지 않는다면
차분한 것이 불투명한 것이
나의 노예를 질질 끄는 것이
희끄무레하다 말을 던지는 것 같다
극명히 노래한다
그 노래라는 것이 목소리가 없고
성질이 없고 만나는 자에게서 벗어나고 있다
잠들지 않는다면 잠들지 않는다면
잠들지 않는다면
쇠 난간처럼 보이는 드문 수준으로
있는 날개처럼
나는 깨어난다

작렬하다

또 온다
어리석음은 어리석음에서 끝나지 않는다
어리석음은 어리석음에서 끝났다
그게 그랬다
여전히 오고 있고 왔다 싶으면 와 있다
이곳은 너무 하얀 페이지이다
그건 그렇지 않았다
남김없이 가버린 줄로만 알았다
굼뜬 취기에 속아보려는 자에게
보여주고 보지 않으려 하는 자에게
잠들 수 없는 끈질긴
사태를 자꾸 열거하게 하는가
아무런 영향도 없었고 환희 또한
없었다 나는 두려웠다
오고야 말았다 잊은 말은 선명해지고
말릴 수 없는 이 말에 대하여 다시
태어난 말은 더 많은 망설임을 가지고 만다
잊을 수 없는 말은 잊기 위한 말이다

첫 번째 말 나의 속단에 나는
눈을 뜬다 이 문장은 아프다
나는 눈을 뜬다 아프다
나는 말하고 그럼에도 말한다
그 눈부신 여과를 나는 결코 알 수 없으리라
다시 이 시를 쓰게 되리라 그 뜨거움으로
남김없이 스러지는 이 말로 향했다
지우고 싶었다
온전히 잠들기 위해
현실의 안아볼 수 없는 그 피로를 만지고 싶었다
이어나가기 위해 또한 이어나가지 않기 위해

잔을 높이

도통 시작하지 못하는 말을 찾아서
바뀌는 그늘 다그치지 못하는 상상
말이 없다 늘 말이 없었다
빛이 길어지고 경사가 삐끗대고 울리고 붉게 스미고
홀로 유연한 각들의 긁히는 소리 나는 앉았다
바닥에 앉지 않고 바위에 앉지 않고 나는 앉았다
글자가 씌어진다 뒤바뀌는 파도를 연출하다
구름이 있다면 바람 부는 습지를 가두고 기웃거릴 알싸한 구름
회오리치는 욕조가 있다면 느끼는 살결의 완급에
나는 방을 나가지 않았다 나는 방에 들어오지 않았다 나는
눈을 뗄 수 없는데 책상과 간들간들 입자의 분분 나는
잔을 높이 드는데 배치는 어른거리고
낯선 자의 추궁처럼 침묵을 입히다
가느다란 빛에 찬사를 더하다 가벼운 가벼운 여기다
늘 여기였다 너무 급격한 가운데 더딘 막다른 여기였다
 방금 전의 얘기가 곧 말이 없는 놀라운 상태가 된다 어스름은 놀라워라

명령은 놀라워라 캐리커처는 놀라워라 짖어라
잔을 들고 세탁기가 삐그덕대며 돌아가는 찬탄의 강자
그림자가 움직였다 나는 일어섰다
이것으로 전율을 만들 생각은 없다
책상과 어스름의 두께가 만난 시끄러운 소리
이것 말고는 볼 것이 없다
빨래가 색을 찾아 섞인다 상상을 가져간다 잔을 높이 들고

집을 나가지 않고

나는 집을 나가지 않고 고양이는 집에서 나이를 먹나 무슨 생각을 하나 매일 고양이를 보면서 하는 생각을 쓰면서 고양이는 나날이 배가 불룩해지고 고양이 배의 불룩함엔 운의와 운집과 조명이 없고 그는 무얼 하나 생각하는 것을 어떻게 쓸까 생각하던 것을 이렇게 쓴다. 햇빛이 밝으면 밝다고 써라. 햇빛이 밝으면 밝다고 쓰면 되는 것이다.

차단은 막혀 있다

책상. 책상을 짚고 돌아서자 차단은 막혀 있다.
잎이 모인다. 나는 피로에 젖거나 광채에 빠질 것이다.
의자에서 보면 피해 다니는 글자. 지나가는 구름.
바람은 빠져나갈 것이다. 바람은 굴러다닐 것이다. 바퀴처럼.
종이 위의 찻잔. 찻잔. 낱낱. 논란. 진정.
그걸 적시는 차단이라 방금 전까지 물씨. 점.
바다. 그러면 영원한 극지라 평평한 면적을 긴다.
고개를 들기까지가 차단을 막혀 있게 한다.
날아가버린 몇 장의 무늬는 몇 잎의 금잔화를 빼앗아간다.
이제 사라진 고요를 되찾기까지는 차단이 막혀 있을 것이며.
금잔화. 금잔화. 검푸르게. 금잔화. 금잔화.
유유히 떠내려간다. 유유히. 유유히.

초록물고기

영화 초록물고기에서 한석규의 이름은 막동이
한석규가 말한다
여기가 아카시아 천지였는데

탁 하고

탁 하고
나는 잔을 내려놓았다
그러고 나서 스푼을 집었다
물컵 안에 있던
스푼을 컵 테두리에
톡톡 쳤다
물이 떨어졌다
나는 말끔한 스푼으로
커피를 저었다

하나

노트는 곡선이고
고양이 수염은 횐 선이다
시집은 파란색이다
나는 바다를 마실 것인가
파란 술을 마실 것인가
어느 붉은 빛깔은 그대로 붉다
오늘은 목요일 그림자
잠자는 소음은 없다
눕는 소절 속으로 돌아눕는 이 없고
눈을 깜빡이는 달이 있다
시를 쓴다는 것은 놀라운 일이고
놀라운 일은 지루한 시 속에만 있다
내가 본 연기는 흰빛이고
나는 왜 사라지는가
울음은 욺을 운다는데
지금 쓰는 숨은 궁지를 위해 쓴다
없는 너를 위해
한 줄을 쓰는 밤을 만들기도 할 것이다

어떤 활자는 둥그스름하고
어떤 활자엔 매무새가 있다
푸르스름한 것을 놓치다 하고
한가한 굴절을 그려 넣는다
가장 투명하고
가장 투명하게 보이는 것이
가장 투명한 밑과 같겠다
이젠 왜 전부가 밀려드는 건지 모르겠다
손가락이건 핏줄이건 환하다
적당한데 난해하다
짧은데 자유롭다
단조롭고 가뿐하다
즉흥적이면서도 즉흥곡처럼 일목요연하다
그 옆에 잔은 하나이다

하얗다

지하는 하얗다
현관은 하얗다
시인가 보다
저녁은 부드럽다
저물녘은 아름답다
문을 열어본다
동작에서 멈추리라
그리하여 모르는 새 걷히리라
모든 것은 시작되고
모든 것은 끝난다
나는 매혹을 느낀다
오늘의 백지인가 보다
그리하여 변명은 시작된다
또한 사라지는 사람
사라지는 저물녘
아름다움을 몰아내고
침묵을 도용하기 위해
가장 하얗다

나를 도용하기 위해
무너지는 운명을
나는 알지 못한다
사라질 때에 떼 지어 오는
두근거림이 가장 욕되다
허물어지는 나의 오늘보다
더욱 하얗다

한 문장을 쓰련다

 화장실에서 나는 거울에 비친 나를 보고 수도꼭지에 비친 나를 보고 샤워기에 비친 나를 보고 거기 있는 나를 만지고 돌아와 썼는데 이것은 반드시 한 문장이어야 했다. 나는 시를 쓰겠다고 마음먹었다. 나는 책상에 돌아와서 중얼거렸던 것이다. 시를 쓰겠다. 그리고 상상한다. 시를 쓰지 않는 나를. 나는 한 문장을 다시 썼다. 나는 화장실을 다녀오고 책상에 앉고 팔걸이 의자와 팔걸이의자가 무엇이 다른지 가늠하다 그러나 이것은 상상에 비할 바 없는 수건걸이 빨리는 물 쇠붙이에 비친 나였다. 내가 아니었다. 한번은 돌아와 썼다. 오늘은 힘들었다. 내일도 힘이 들 것이다. 내일도 나는 한 문장을 쓸 것이다. 그런데 무수한 문장들이 지금 이 한 문장을 이기지 못하는 것을 나는 알아차린다. 나는 화장실에서 거울에 비친 나를 보고 수도꼭지에 비친 나를 보고 샤워기에 비친 나를 보고 거기 있는 나를 만지고 돌아와 썼는데 이것은 반드시 한 문장이어야 했다, 라. 도무지 상상이 안 된다. 그러면 이건 어떤가. 나는 외출에서 돌아오고 계단을 무수히 밟았고 올랐고 퇴근했으며 건물에서 내려왔으며 식사를 하고 쥐불놀이를 한다, 공책을 덮고 얼굴을 뚫고 수도꼭지에 비친 얼굴도 뚫고 쥐불놀이를 하기 위하여! 나는 머리를 긁적이다 썼으며 그것은 머리를 긁적이다 저절로 되돌아오는 어떤 포기 같다는 진술이다. 그리고 나는 머리를 긁적이다 그 진술을 최대한 비슷하게 옮긴다, 라. 나는 조금도 놓치지 않고 거울을 보고 변기 앞에 서서 변기 물을 내리며 조금도 놓치지 않고 고양이 사료를 한 알 한 알 담아주었다, 한 자 한 자 정성스럽게 쓰면서 마음만은 쏟아지는 사료를 다 보고 있지만. 이것은 반드시 한 문장이어야 했다. 문학을 의심하는 자가 인생을 이해한다. 다르게 써도 마찬가지. 나는 무엇이라도 받아들이기 위해 돌아오는 길 위의 하늘을 보았고 이 문장에서 길 위의 하늘이란 나의 모습 같아서 얼른 보고 버린 하늘이라 썼고, 하늘은 하늘로 난사되는 것 같았고 하늘로 하늘이 밀리는 것 같았고 나는 하늘이란 이 하늘 아래 어떤 문장을 쓸 것이냐 어떤 문장이 날 팽창시켜 터트릴 것이냐 물었고 그것은 고쳐지지 않는 하늘 모습 낭비되는 펼쳐짐이었는데. 이렇게 한 문장은 나에게로 달려드는데 나는 에어컨 바람을 쐬었고 한 점을 한번 보았고 뭔가를 한 모금 했으며 반드시 써야 하는 문장을 한없이 노려보았다는 문장. 이 문장을 썼고 이 문장은 딴청을 하다 돌아와도 결코 이 문장이 분명히 여기 있었는데라고 쓸 기회를 주지 않는다. 나는 한 문장의 아침 외침 점심 저녁 팔걸이의 팔 천천히 들어 올리는 이걸 참 대단하게 다 띄어 쓰고 화장실에 다녀오는 나는 거울을 보며 나는 가글을 하며 나는 꾸준하게 따돌리고 시작하는 한 문장을 똑똑히 본다. 한 문장. 내 문장은 식사를 하고 내 문장은 불을 끄고 내 문장은 고양이 밥그릇에서 영감을 암암리에 하나하나 수거해 간다. 그리고 밥그릇과 물그릇을 깨끗이 씻은 나의 문장은 불을 드디어 끄고 망가진 오늘의 망가진 망가진 얼굴을 드디어 들고 드디어 소파에 널브러지러 간다. 이것은 하나로 된 문장이지 슬픔 고통 좌절 어렵게 생긴 굴절도 아닌데 나의 한 문장은 그것이 나뿐만이 아니라 자신의 일이라 굳게 여기는 것이다. 평범한 일상. 어떤 건 이러하고 어떤 건 저러하고 그런 갸웃거리는 묵묵부답을 통과하는데 곧 한 문장이어야 했다고 쓴 걸 내쉬고 그 쉬운 간격을 못 참고 마치 주어진 대로 그 문장은 내내 웃자라는 것이다. 그러면 쓸 수도 쓰지 않을 수도 없어 온통 나뿐인 늘어뜨리다. 조그맣게 해서 보고 쏟아지는 건 초로로 남다. 새까맣게 들어봄뿐 고독의 축축 젖어가다. 고개를 들치고 귀로 쑥 들어가서 지금쯤. 희미함을 벗으며 희미함은 질리며 희미함은 벗겨지다. 그렇게 그려지지만 산처럼 돌아와서 오히려 쭈그러지는 잦다. 불을 끄는 것이 아닌 저절로 어두워지는 남음에 대하여. 나의 쓰지만 세상을 한 한다는 생각한다는 음파가 여음이 퍼지다. 낙오자처럼 그 위를 걷다. 그렇게만 울리면서 이지러지면서 차는 너른 느려지려 하다. 실은 일어나 의자에서 여름의 조심스럽고 가벼운 머리를 치우고 하늘로 돌아가는 하늘에서의 문장에서. 이 시 이후엔 하늘엔 들어가지 말아야겠다. 책을 뒤집히는 너울 덮고 살았어 어디일까. 모든 시를 다 쓰고 마주 보는 트임으로 끌어 시큰둥하다. 여지없이 간 숨음의 흩날림에 여차하면 질겅질겅과 툴툴 안기고 있다. 안 믿기는 데만 덜컹거린다. 만들 수도 없는 데는 있다. 횟수 제한 없는 나여. 이 많은 시는 어디로 가나. 이 많은 시는 어디서 사나. 그럼에도 음. 그럼에도 그만. 한 문장을 이만큼 쓰련다.

합쳐짐

빛을 한 움큼 쥐다가 나는 필요 없다
축이 세워지고 영원한 축이 달아난다
가습기가 수증기를 뿜고 있다
눈은 보고 있다 폭언과 폭설이 이제야 들린다
피가 일어선다 새로운 정황 속에서
피가 또 일어선다고 믿는다
입속에서 부서지는 소리는 경쾌하다
아문다 부서진다 우물거리는 다른 입
그 사이 일격이 있었다 일제히 곤두선다
선명한 어둠 그게 들린다
끈질긴 생명이 입을 비우게 한다
메워지지 않는 확실한 정황 속에 있다고 믿는다
뚝뚝 떨어진다 대화를 듣는다
더는 차오르지 못할 창문 웃음이
어지르고 있다 이 시를 누가 보고 간다
나는 더 이상 무엇도 말하지 못한다
흐릿하다 분명하다 한다 붉다 붉다 붉다 한다
나는 입수를 한다

입수를 한다 찢어지는 잔물결
속의 전유물 나는 입수를 한다
상상 속의 일은 거짓이 없다
찢어지는 잔물결 잔물결 확장되어지는 물이다
물이 사방에 있다고 나는 믿는다
속의 물의
빠져나가지 못하는 훼방 속의 나는 입수를 한다
입수를 한다 나는 입수를 한다
미끄덩한 부유물 들어찬 물이 갈라진다
상상 속의 일은 거짓이 없다
물이 찾아오고 이것만은 내려앉는 빛
갈라지는 물이 날 극도로 멀게 한다
흐려짐 풀려나감 이루다 이르는 굵기들이다
물이 떠다니는 것이 이상야릇한 쾌감을 준다
나는 입수를 한다 물속은 잡히는 것이 다 물이다
나는 입수를 한다
입수를 한다
물에 가까이 간다 행한다
돌아온다 수증기 전화벨 돌아온다 행해진다
깃들지 못한 잠을 들어 올리는
허브를 만진 손가락의 톡 쏘는 냄새
묘사하지 못한 전유물의 몇 가지의 새로움

나는 추방할 것을 권유한다
이파리 밑의 침묵 이파리 밑의 초극
나는 추방할 것을 권유한다
일치점으로 부푸는 커다랗고 커다란 꽃
모두가 모든 소리가 추방될 것을 나는 권유한다
해로움이 강요하는 몰두의 다른 부드러움
낳는 소리 그게 들린다 꽉 찬 얼굴 속에서
나는 이것들을 보고 있다
다만 내지름 나뉘는 문 뒤로
정렬이 우툴두툴하다
쓸데없는 커튼이다 다 쓸데없다
압도하고 있다
이것 외엔 얽힌 파열이라 한다
나는 도망간다고 믿는다

해로움이 강요하는 몰두의 다른 부드러움

나는 입수를 한다 입수를 한다 찢어지는 잔물결
속의 전유물 나는 입수를 한다 상상 속의 일은 거짓이
없다
찢어지는 잔물결 잔물결 확장되어지는 물이다 물이 사방
에 있다고 나는 믿는다
속의 물의 빠져나가지 못하는 훼방 속의 나는 입수를 한다
입수를 한다 나는 입수를 한다 미끄덩한 부유물 들어찬
물이 갈라진다
상상 속의 일은 거짓이 없다 물이 찾아오고 이것만은 내
려앉는 빛
갈라지는 물이 날 극도로 멀게 한다 흐려짐 풀려나감
이루다 이르는 굵기들이다 물이 떠다니는 것이 이상야릇
한 쾌감을 준다
나는 입수를 한다 물속은 잡히는 것이 다 물이다
나는 입수를 한다 입수를 한다 물에 가까이 간다 행한다
가까이 간다 물이 중얼댄다 물이 골똘하다 물이 때리기
시작한다
물속으로 부족한 물속으로 헐어내는 휘두르는 물속으로

장엄함의 속의

  물속으로 물이 좋아하는 부드러움 속으로 나는 입수를 한다

  나는 입수를 한다 찢어지는 잔물결 부서지며 일어서는

  속의 전유물 물속을 가늠하는 전유물 속 물 이전의 빛 상상이 나를 데려가 물의 근처를 머물다 떠내려간다

  입수를 한다 헐떡댄다 입수를 한다 곧이어 입수를 한다 거친 물살이 느껴지지 않는 게

  이상하지 않다고 느낀다 부드럽다 가물가물 움직인다 나는 사라져오른다 잔물결 잔물결

  묘사하지 못한 전유물의 몇 가지의 새로움 반짝이는 몸의 길어지는 몸의 미세함 서서히 흩어진다

  물이 발음한다 그 물이 이동한다 멎고 파급이 되어

  사방을 끌어모아 분명하게 과장되는 파급은 한꺼번에 검은 점이 된다

  살이 닿는다 살이 미친다 검은 점이 물에 꽉 찬다 나를 꽉 채운다

  막대한 잔상이 나를 뛰어넘는다 기쁨과 물과 고통을 갈라놓는다 나는 입수를 한다

  나뉘어 것들 속의 메우는 것들 속의 물결처럼 조용한 몇 가지 잔상을 느리게 옮긴다 잊어버린다 풀린다 누운 물속을 선다

  물이 좋아하는 감싸기 시작한 전유물 속 잡아당기는 물

이 마련된 안락과 잠기는 살이 되어 나는

  입수를 한다 입수를 한다 물이 이해되지 않는다 물이 주목받기 시작한다 찢어지는 찢겨져버리는

  엉키는 찢기어 찢어짐을 찢어 찢어내어 물결을 강조하는 물결 잔물결 거부하기에 이른다 잔물결 물이 물이 빠져나간다

  지저귀는 부드러움 가늘게 거대하게 웅크린 전유물 넘실대는 물이 넘어서는 물속을 지난다

  나는 반복해서 물이 어쩐지 나의 상상일 거라 잘못 생각한다

  나는 입수를 한다 잡히지 않는 물의 다시 찾아오는 기대 속으로 입수를 한다 물이 강요한다 나는 입수를 한다

  나는 입수를 한다 나는 입수를 한다 전유물 속 실어 나르지 못하는 상상의 무결함 딛고 딛고

  밟는 게 다 들리지 않는 가장 잔잔한 바빠짐 속으로 가라앉는다고 믿는다

  실어간 소리 멀게만 느껴지는 깎아지른 전유물 속 속으로 올려다보는 낮아지는 한마디의 눈부심 나는 입수를 한다

  물이 왜 자꾸 날 기분 좋게 만드는지 모르겠다 나는 다시 입수를 한다

  나는 물속으로 아득하게 다시 입수를 한다 입수한다 입수한다

호박이는 몇 번째 줄 어디에 몇 번 나왔을까

아무거나 쓰자

휴가라는 말 나나라는 말 덧니라는 말 구태여라는 말 쓴다는 말 쏜다는 말 드러내지 않고 드러내지 않음과 말 말하자면 도로 꺼내는 말 이제 저쪽에서 슬그머니 맴도는 말이라는 말이라는 말이라는 말리나는 아무거나 서 있다

말리나 여기에 커서를 둔다 인쇄될 것이다 깨끗할 것이다 몇 가지를 떠올릴 것이다 말리나 나는 살필 것이다 아무거나 서 있다

죽어본다 살아본다 괜찮아본다 가득 차본다 신처럼은 아니고 그대와 조물주처럼은 아니고 돌아와본다 그렇게 가고 있다 그렇게들 이미 한적함은 아름답다 한적하다

나는 본다

나는 듣는다

나는 마신다

나는 손을 뗀다

나는 함정이고 경치이고 연설이다

나는 함정이고 불 꺼지길 기다리는 것이고 격앙이다 파편엔 파편이다

나는 함정이고 쓸 수 없는 곳이고 불탄 구멍을 보는 자릿수의 타는 문장이다

봄을 지나 여름을 지나

곧 지나갈 가을

지날 불탄 구멍

불탄 구멍 불탄 불덤불 불덤불

불불불 불덤불 불

불불불 나는

나는

그러니까 불 뚫린 아래로 향한 이제 갈 왔다 나는 본다 나는 읽어본다 아 아 읽어본다 모양처럼은 아니고 커서를 향한 것처럼은 아니고 본다 불? 읽어본다 찍혀 나올 것이다 처럼 찍혀 나올 것이다 이 나는 보게 될 것이다 여기서 내가 나올지 말지는 나를 읽어본다

나는 고양이를 들었다 놓았다

나는 고양이 눈에 비친 나를 보았다

나는 동그랬다 까맸다 고양이가 눈을 깜빡이자 나는? 아니다 나는 고양이 눈에 비친 나를 보았다 나는 동그랬다 까맸다 세계는? 아니다 나는? 나는

나는 유치하다고 해본다

나는 유치해

나는 유치하다고 한다

나는 유치하다

유치하다 유치하고 유치하고 유치하고

아닌데 나는 아잉 유치해 이게 아닌데 으아앙

유치하다 나는 유치하고 나는 유치하다

서울을 유치하고 몰로이를 유치하고 의자라는 말은 의자라는 말 때문에 유치한 것이며

유치하다 나는 유치하고 나는 유치하다 아닌데

나는 쓰기로 한다

기계처럼 어둡다 여긴 너무 어두워 의자라는 그 단호한 면이 있는 의자는 나는 의자의 감정처럼 쓰기로 한다 나는 의자의 마음처럼 쓰기로 한다 나는 의자의 언어처럼 쓰기로 한다 어두워 나는 의자의 세월처럼 쓰기로 한다 나는 의자의 사랑처럼 쓰기로 한다 나는 의자의 단호한 의자라는 그 기세에 눌려 의자라는 말은 맞닿지 않는다 나는 의자의 기분처럼 쓰기로 한다 나는 의자의 허공처럼 쓰기로 한다 나는 그러니까 의자라는 시에 의자라는 화자를 앉히고 착실히! 나라는 시간을 보내기로 한다 말리나 네가 나에게 왔어 그러니까 의자라는 그 말은 불덤불 불불 불덤불 의자는 자본다 자본다 자러 자본다고 자본다 왜 자꾸 그러는지 모르겠다 아무도 앉지 않는 흔들의자 왜냐고? 그러니까 더 그래본다 더 자는 건 자보는 것과 발산 쾌락 짓이겨본다 이 기류는 죽기에 능할 것이다 나는 그냥 읽기로 한다 파도를

보는 나처럼 어떤 것이냐 자보지만 자보려 한다 그러니까 딱딱하고 지금 구성해도 좋을 판화 해본다 내일을 해본다는 건 맞닿지 않는다 내일 그 내일 그 내일은 식탁과 비춰 바라보는 날씨 둥그런 기름방울과 엉거주춤 집에서 왜 여기야 집으로 여기가 정말 어딘데 생각해보지만 그게 떠오를 리 만무하다 만무하지 않겠어 하고 또 했겠지 하고 싶은지 하기 싫은지 그 자식은 정말 별 볼 일 없는 자신을 뽐내니까 해본다 해본다 한다

  띄워본다 인쇄될 것이다 여기가 좋겠다 이대로 활자를 볼 것이다 찍힐 것이다 나는 바라볼 것이다 약간 구부정한 자세와 날 선 낱장이 다다 그건 아니야 그게 맞다 하지만 생각뿐이다 그들은 모른다 그건 지루한 것이다 그러니까 바라본다 읽는다 읽는다 불덤불 불덤불 불덤불 불덤불 하하하 웃음은 터지고 들어간다 에헤라디야는 터지고 이제 구멍은 하나다 불덤불 의자는 나에게 특별한 감정을 준다 톱니바퀴 이제 지워도 되겠지 그렇다 불덤불 대답한다 대답해본다 여기야 여기 딱딱한 구성이다 구상의 지각의 몰지각 편협의 격침이다 몰로이는 간다 아니면서 그 무엇도 아닌 몰로이는 가라는 대로 가본다 괜찮아지는군 흔들의자를 금지하고 끈끈이 의견이 없 막상 할 말이 없다 다 나는 그런 사람 나를 사랑할 이 불불불 여기쯤에서 길고 높고 단순한 그리하여 쩌렁쩌렁한 계단을 올려다보 그래봤자 깜찍

한 효과가 다다 겠지 울거나 불불 이해해줄 거라 믿습니다 이해를 바라는 건 아니지요 이해를 해야 합니다 불불불 나간다 나간다 지겨워 사랑한다고 말한다 사랑해 말해본다 짜릿짜릿한 혀가 있다 곰팡이는 나를 바라보겠지 간다 하고 갑니다 간다 가자 제발 어디로든 이제 휴가는 지금껏 보내보지 못한 뻥 뚫린 구멍으로 나 있는 휴가일 것입니다 별별 아름다움으로 꽉 찬 휴가겠지 집 밖의 흔들리는 전선을 볼 때처럼 나 있을 겁니다

   깊어가리만치 깊어가는 계곡 여든 스물 반의 일몰의 악곡 시는 끝났다

이 순간이 중요하다

「분명하게 말하자」 쓸 것 「이 순간이 중요하다」 쓸 것

불불 불불 불불

보여? 보여? 보여? 이래도?

(말하는 것도 어찌나!)

우리 호박이가 젤 이뻐

이대로 흘러가면

한중간 더디도록

내 불신 탓이지

굉장히 몰입하다

묵살해야 한다

띄워본다 인쇄될 것이다 여기가 좋겠네 말리나 이대로

활자를 볼 것이다 말리나 너는 말리나기에 아름답다 보여? 확장하는 확장 찍힐 것이다 나는 바라볼 것이다 약간 구부정한 자세와 날 선 낱장이 다다 그래 내가 한 말은 그래 다 읽는다 읽는다 불덤불 불덤불 불덤불 불덤불 아니야 이제 구멍은 하나다 불덤불 의자는 나에게 특별한 감정을 선사해줍니다 찾았다 톱니바퀴 시와 주시 아 난 이제 지워도 되겠지 불덤불 대답한다 대답해본다 대답 딱딱한 구성이다 구상의 지각의 몰지각 편협의 격침이다 몰로이는 간다 어림없지 아니면서 그 무엇도 아닌 몰로이는 가라는 대로 가본다 괜찮아지는군 그렇지 않은 것 같은데 흔들의자를 금지하고 끈끈이 의견이 없 막상 할 말이 없다 다 막상 저 오후의 진행이 나를 간지럽혀 나는 그런 사람이고 새로운 사로잡힘 숙연해지기까지 나를 사랑할 이 불불불 여기쯤에서 길고 높고 단순한 그리하여 쩌렁쩌렁한 계단을 올려다보겠지! 계단을! 아 오늘이란 말 울거나 불불 오늘을 이제 생각했어 이해해줄 거라 믿습니다 이해를 바라는 건 아니지요 이해를 해야 또 울어? 합니다 큰일이다 하나하나 불불불 다 띄웠으면 좋겠다 불불불 불불불 불불불 불불 불 나간다 나간다 지겹다고 말한다 지겨워 알지 사랑해 말해본다 지겨워 널 사랑해 조롱하지 마! 나는 아니야 짜릿짜릿한 혀가 있다 곰팡이는 나를 바라보겠지 간다 하고 갑니다 간다 어디로든 정사각형 그러니까 가본다는 겁니다 이제 휴가는 지금껏 보내보지 못한 뻥 뚫린 구멍으로 나 있는 휴가일 것입니다 여기 별별 아름다움으로 꽉 찬 휴가겠지 집에서도 전선이 흔들린다며 나 있을 겁니다

내가 불러보는 말이나

나는 고대한다

조금 전에는

팔짱을 끼고 등을 기대고 눈을 감고 신음했어 숨을 마시면서 있었어

인간성만 있는 대다수의 인간들

베스트극장 얼음마녀의 장례식에 와주세요

겨울이 아무리 근사하다 해도 이들은 설렘보다는 슬픔이나 삭막함 때문에 더 괴로웠던 것이다

그리지아 32페이지

초록색

재킷에

검정색

주름 장식이

있는

파란 모자를 쓰고 통카! 통카!

나는 의자의 마음처럼 쓰기로 한다

나는 의자의 언어처럼 쓰기로 한다

나는 의자의 세월처럼 쓰기로 한다

나는 의자의 사랑처럼 쓰기로 한다

나는 의자의 기분처럼 쓰기로 한다

나는 의자의 허공처럼 쓰기로 한다

나는 의자의 넝마처럼 쓰기로 한다

불불불 불불불

나는 난가 봐

이러니까 숨기가 곤란하네 숨어야겠다

숨소리도 내지 말아야지

의자의 까마귀처럼 쓰기로 한다

의자의 까오기처럼 쓰기로 한다

의자의 몰로이처럼 쓰기로 한다

의자의 고성방가처럼 쓰기로 한다

의자의 실연처럼 쓰기로 한다

의자의 우정처럼 쓰기로 한다

의자의 인생처럼 쓰기로 한다

얼어 죽을 의자의 감정처럼 쓰기로 한다

뭘 쓰지? 뭘 어디서

죽음과 같은 글쓰기를 할 것인가

삶과 같은 글쓰기를 할 것인가

삶과 의자처럼

의자처럼

이렇게 보니까 시는 진짜 참 무지몽매하다

어찌하여 허무의 시공에 새로운 변증의 비유를 알라는 거냐

외로운 인격이 아니야 그게 여기까지 인다

나는 고양이를 들었다 놓았다

나는 고양이 눈에 비친 나를 보았다

나는 동그랬다 까맸다 고양이가 눈을 깜빡이자 나는? 아니다 나는 고양이 눈에 비친 나를 보았다 나는 동그랬다 까맸다 세계는? 아니다 나는? 갈까 가는 나는 아니다 고양이 눈에 띄었다 세계는 아니다 나는 아니다 말하지만 하지만? 뭔가가 없어졌어 잦아지다 없어졌는데 화락거렸어 나는? 아니다

나는 문득 말리나

너를 사랑한다

내가 사랑하는 너

나는 너를 사랑한다

내가 사랑하는 너

이 망설임이 빛난다

나는 너를 사랑한다

내가 사랑하는 너

내가 사랑하는 너

나는 이렇게 너를 사랑하게 되었다

내가 사랑하는 너

그러나 내가 사랑하지 않는 너

시는 끝났다

네가 내게로 왔던 강렬함까지도

나는 이렇게 너를 사랑하게 되었다

말리나

7시

옥수수, 옥수수란 말을 쓰고 싶은데 적당한 곳이 없다

혹은 바람

쉼보르스카— 하고 불었다. 시원한 어감이다.

나 좀 다녀올게. 이 말의 주인은 돌아오지 않자 돌아오지 않는 말이 되었다. 나 다녀올게. 바람이 불었어.

시간이 다 되었어. 영원한 나는 왜 아직 돌아오지 않나.

아무 느낌 없이 손끝에 닿는 어둠을 중얼거리나. 미간의 휘어짐.

혹은 바람. 나무가 되어 서 있는 말이 나무를 생각하다 텅 비어버렸다 해도

바람이 불었다.

멀면 아득히 닿을수록 먼 이곳에 숨이 눕는다. 늘 반듯이 누워. 잠이 자기 시작한다.

오후의 일은 오후에. 오후의 실감은 아마 그러한 오후에.

돌아왔다면 너무 더디게 돌아오는 중이어서 더 이상 그 끝을 알지 못하겠지.

고통을 표현하는데 전신이 밝아지는 건 왜일까. 아침에 눈을 떴다. 점심에 눈을 감았다. 바람이 불었다.

새벽이 날을 만들었다. 이제부터 시작하려는 시는 늘 그

랬듯 쓰지 못한 시. 바람이

나를 불렀다고 생각하지 않는다. 나를 통과한 목소리마저 실어 갔다고 생각하지 않는다. 널 부르고

네가 나타났다고 생각하지 않는다. 넌 분 거야, 너는 바람처럼, 시원한 어감처럼 그냥 여기에 온 거야.

돌아온 적 없이. 나는 이만 줄일게. 인사가 시적일 때가 있다.

어제는 바람이 몹시 불었어. 저녁이 다 되었어.

쉼보르스카— 하고 불었다. 첫걸음을 떼며. 바람이 부는 대로.

혹은 제 생각대로.

화장실에 간 일

 밖은 차다 안도 차다 고양이는 뛰어다니다 온 집 안을 난리법석을 만들어 일순간 조용한 고양이로 웅크리다 잠들다 명상은 죽다 깨어나다를 반복하다 나는 풀이 죽고 자리를 박차다 오다 가다를 끊임없이 해내는 나이지만 곧 풀이 죽는 나이다 아니야 없던 일로 철회!를 해낼까 없다 자리가 없는데 집 안을 난무한 회색 쓰레기통의 회색 회색 회색 집은 다다라 회색 집 깡깡 걷어차고 이런 걸 박수 칠 때 떠난다고 하는 거다 빛이 간략하다 고양이가 넌지시 배경에서 엿보는 게 난 마음에 들다 사라지다 色色色 고양이를 부르는 이 없다 나의 자리를 부르는 이 곧 나일 테지만 괴로운 것이어서 말을 아끼다 누워버렸다 잠이 든 척 잠에 전부를 주고 전부인 척 전부 또한 이게 나의 전부야 나는 전부 당신 거야 전부 잠이 들고 보나 마나 긋다 그르다 나는 졸렬한 화장실이라고 말하다 졸렬함에 힘을 주어 말하다 졸렬한 화장실 졸렬한 화장실

 졸렬한 졸렬함에 넌더리가 나는 졸렬하고 졸렬하고 졸렬한 분이 풀리지 않는 화장실! 그 화장실에 가서 웃느니 차라리 졸렬한 화장실이라 쓰겠다 졸렬하게 내가 하겠다 하

고 또 하겠다 어슬렁거리는 바람에 모든 것을 걸겠다 닫겠다 넘겠다 갖겠다 빗장을 지르겠다 자다 깨다 고양이의 자다 깨다를 해내는 나의 뭘까 환하다 이토록 환한데 울창한 입구가 그 섬뜩한 펄떡임이라 손가락질에 올라타 가르랑대는 눈금이 내내 그 노래의 떠다니는 화염이라 영광이라 통통거리며 살찌우리라 꿈을 꾸다 잠에서 깨다 생명이 되어 달려드는 고양이는 파랗다 나를 차지하는 하품은 없어짐이라 깊이라 살펴보지 않다

휴일에 쓰는 시

이제 내가 휴일에 쓰는 시를 알겠다
나는 그저 주머니에 왼손 오른손을 넣고
읽어야 하는 시는 없지만
책장에 꽂힌 시집을 바라보고 있다
산책 갔다 오면서는 오토바이가 쌩하고 달려가는 소리가 좋았다
차갑고 미끄러운 맨발과 시 한 줄이 또 어떻게 다른가
고개를 조아리는 것과 알몸으로 적과 싸우고
창밖 보기를 즐기는 고양이는 또 어떻게 다를까
이제 내가 병들었을 때 쓰는 시를 알겠다
발가벗고 명화가 그려진 욕실의자에 앉아본다
타일이 쓰는 시 칫솔이 쓰는 시 그들이 쓰는 시
입력하면 바로바로 나온다
알겠다 생각하면서 나는 잠으로 갔다

미행에서 만든 책들

1	소설	마르셀 프루스트	최미경	**쾌락과 나날**
2	시	조르주 바타유	권지현	**아르캉젤리크**
3	소설	유리 올레샤	김성일	**리옴빠**
4	시	월리스 스티븐스	정하연	**하모니엄**
5	소설	나카지마 아쓰시	박은정	**빛과 바람과 꿈**
6	시	요제프 어틸러	진경애	**너무 아프다**
7	시	플로르벨라 이스팡카	김지은	**누구의 것도 아닌 나**
8	소설	카트린 퀴세	권지현	**데이비드 호크니의 인생**
9	르포	스티그 다게르만	이유진	**독일의 가을**
10	시		김성호	**로로**

김성호

1987년 충북 청주에서 태어났다.
2015년 세계일보 신춘문예에 당선되어 시를 발표하기 시작했다.

로로
김성호 시집

초판 1쇄 발행 2021년 12월 3일

펴낸곳 미행
출판등록 제2020-000047호
전화 070-4045-7249
메일 mihaenghouse@gmail.com
인쇄 제책 영신사

ISBN 979-11-92004-01-3 03810

이 도서는 한국출판문화산업진흥원의 '2021년 출판콘텐츠 창작 지원 사업'의 일환으로
국민체육진흥기금을 지원받아 제작되었습니다.